PAUL DISLÈRE

PRÉSIDENT DE SECTION HONORAIRE AU CONSEIL D'ÉTAT

LES

DEVOIRS DES MAIRES

EN CAS DE

MOBILISATION GÉNÉRALE

NOUVELLE ÉDITION

Prix : **2** fr. **50**

LIBRAIRIE ADMINISTRATIVE PAUL DUPONT

4, RUE DU BOULOI, PARIS

.

LES
DEVOIRS DES MAIRES
EN CAS
DE MOBILISATION GÉNÉRALE

PAUL DISLÈRE

PRÉSIDENT DE SECTION HONORAIRE AU CONSEIL D'ÉTAT

LES

DEVOIRS DES MAIRES

EN CAS DE

MOBILISATION GÉNÉRALE

NOUVELLE ÉDITION

Si vis pacem, para bellum.

LIBRAIRIE ADMINISTRATIVE PAUL DUPONT

4, RUE DU BOULOI, PARIS

TABLE DES MATIÈRES

MODELES D'ARRETES

LES
DEVOIRS DES MAIRES

EN CAS DE

MOBILISATION GÉNÉRALE

INTRODUCTION

La crise que traversera la France lorsqu'une guerre nouvelle appellera ses enfants sous les drapeaux, lorsque tous les hommes valides se précipiteront à la défense de nos frontières, est une de ces préoccupations qui hantent l'esprit de tous les patriotes. On ne peut se figurer, sans une crainte bien légitime, le trouble qui se produira dans le pays, le bouleversement non seulement de tous les rouages de la vie administrative, mais encore de la vie commerciale, industrielle, de la vie de famille elle-même. Il est nécessaire d'y songer d'avance pour rechercher ce que chacun peut faire en vue d'apporter sa part, si faible qu'elle soit, à l'œuvre commune.

Le succès de nos armes ne sera plus seulement

dû aux connaissances stratégiques et tactiques des généraux, au courage des soldats : il reposera en outre sur deux autres facteurs qui pouvaient être autrefois négligés, mais qui prennent maintenant une importance grandissant chaque jour. La partie en quelque sorte mécanique de la concentration, des renforts, des approvisionnements, des évacuations sera assurée par les voies ferrées, peut-être par les voies fluviales, avec d'autant plus de succès que ces diverses voies de communications auront été d'avance établies, outillées en vue de cette série d'opérations multiples. Les dispositions préalables qu'auront pu prendre les autorités municipales, le concours qu'elles prêteront à l'armée, soit directement, soit indirectement, sont de nature à faciliter — peuvent même seuls quelquefois rendre possible — la réalisation du plan de campagne savamment étudié par nos généraux.

Indiquer aux maires des communes de France d'abord *ce qu'ils sont obligés de faire*, puis *ce que leur devoir* de citoyens, et de citoyens investis d'un mandat public, *leur commande de faire :* tel est le but de cette notice. Ce qu'ils doivent préparer en tout temps, en vue d'une guerre lointaine peut-être, puis lorsque la perspective de cette conflagration générale vient à se dessiner à l'horizon politique — ce qu'ils doivent faire, soit pendant la période de mobilisation et de concentration, soit lorsque les hostilités ont commencé, nous avons essayé de le résumer aussi brièvement que possible.

Dès que l'ordre de mobilisation générale est lancé, tout en France, *tout doit être sacrifié aux besoins de l'armée;* nous ne sommes plus à l'époque où une guerre européenne pouvait n'avoir pour le pays que de lointaines conséquences : la guerre aujourd'hui, c'est la patrie en danger, c'est le sol national à défendre, à sauver. Des dispositions intelligentes prises par les maires, leur régularité à exécuter immédiatement les instructions qu'ils reçoivent, peuvent faciliter l'arrivée des réservistes ou des territoriaux, à l'heure indiquée, en nombre suffisant pour compléter les effectifs de guerre, assurer à des soldats fatigués le repos nécessaire pour prendre part efficacement le lendemain à une opération décisive, sauver même le sort d'une armée en empêchant quelque tentative ennemie sur les voies ferrées — et tant d'autres circonstances où un maire peut rendre au pays un service signalé.

Tous ceux que l'estime et la confiance de leurs concitoyens ont investis des fonctions municipales sont, nous en sommes sûr, animés de la volonté bien arrêtée d'apporter ce concours à la défense nationale, mais, à beaucoup, le temps manque pour rechercher les documents épars qu'il faudrait étudier. C'est ce travail que nous avons essayé de leur éviter, en passant en revue les différentes circonstances dans lesquelles ils peuvent avoir à exercer leur action.

CHAPITRE PREMIER

PÉRIODE DE TEMPS DE PAIX

1. — Il est un certain nombre de questions relatives à la mobilisation qui doivent en tout temps appeler l'attention des autorités municipales ; il est utile qu'elles aient, sur ces différents points, des idées bien arrêtées pour éviter les retards au moment où la guerre éclatera ; le temps manquera alors pour prendre des dispositions qui doivent être préparées de longue main.

2. — Nous nous contenterons de rappeler que les maires doivent veiller :

1° A l'affichage du tableau de répartition des classes ; — les tableaux indiquant les corps d'affectation des réservistes et territoriaux, les points sur lesquels ils doivent se rendre, ont été supprimés ;

2° A la tenue régulière :

A. Des registres de déclarations des chevaux et automobiles ;

B. Des listes de recensement des chevaux et automobiles ;

C. Des registres de recensement des voitures attelées ;

3° A la conservation :

D. Des tableaux de classement des chevaux, voitures et automobiles (¹) (conserver ceux des trois derniers classements au moins, car ils doivent être présentés par le maire au moment des opérations du classement);

E. Des pièces délivrées par d'autres commissions de classement ayant examiné des chevaux ou voitures de la commune et qui ont été adressées au maire par les soins de la gendarmerie;

4° Au maintien à jour de l'état des ressources qu'offre la commune au point de vue des logements· et surtout des cantonnements. Cet état est dressé (art. 26 du décret du 2 août 1877) par le maire, après avis du conseil municipal, de manière à répartir entre les diverses habitations le nombre d'hommes et de chevaux imposé à la commune par l'extrait du tableau des ressources du corps d'armée arrêté par le commandant en chef.

Il peut se faire que, pendant la période de trois ans qui sépare chaque recensement, des modifications se produisent dans les constructions de la commune de nature à provoquer une revision de l'assiette du logement. Cette revision doit être faite par le maire, après avis du conseil municipal, mais en

---

(1) Les maires doivent assister aux opérations des commissions de classement. Pour les chevaux et voitures, ces opérations se font dans chaque commune, mais il n'en est pas de même pour les automobiles. Les maires sont néanmoins obligés d'assister à la séance de la commission. (Voir séance du Sénat du 15 juillet 1909.)

conservant toujours le chiffre total fixé par l'autorité militaire.

3. — Il est bon que le maire fasse établir chaque année la liste des habitants de la commune liés au service militaire et non présents sous les drapeaux et y inscrive les mouvements qui se produiront (établissement dans la commune — départ *définitif* — décès). Cette liste fera double emploi avec celle qui existe à la brigade de gendarmerie, mais elle n'en est pas moins utile, car elle permet à l'autorité municipale d'envoyer immédiatement les renseignements qui lui sont demandés bien souvent et qu'elle a intérêt à connaître. D'ailleurs, en obligeant les gardes champêtres dans les campagnes, les agents de police dans les villes, à fournir au maire des informations sur tous les individus qui viennent s'établir dans la commune, on est en mesure de recueillir des indications précieuses sur les étrangers dont il est utile de se préoccuper à certains moments.

Le maire ne doit pas oublier de donner avis au bureau de recrutement de la subdivision des décès de tous les hommes de sa commune âgés de 20 à 46 ans (¹).

4. — Les étrangers doivent être surveillés même en temps de paix : les mesures à prendre à cet égard

---

¹) Cet avis est extrait d'un registre à souche établi en exécution de la circulaire ministérielle du 29 janvier 1883.

seront évidemment difficiles dans certaines régions comme la frontière du Nord, où la population étrangère est parfois aussi nombreuse que la population française. Mais l'application du décret du 2 octobre 1888 et de la loi du 8 août 1893 complétée par celle du 16 juillet 1912, sur l'exercice des professions ambulantes et la circulation des nomades (¹), fournit la liste des étrangers résidant; quant aux autres, le maire peut les connaître par la production des livres de police des hôteliers et par les renseignements recueillis par la police et les gardes champêtres. Le maire a le droit d'exiger, de toute personne arrivant dans la commune, justification de son identité (²), ce qui permet d'établir la liste des étrangers. Ces renseignements ne serviront évidemment en temps de paix que dans les localités voisines des forts, des manufactures, des champs de manœuvre; mais il est utile que partout les mu-

(¹) Les maires doivent bien se pénétrer de cette idée que la loi du 8 août 1893 est surtout une loi de défense sociale et nationale contre le flot toujours montant de l'immigration étrangère en France. La loi nouvelle a complété les dispositions en vigueur par la réglementation des nomades ; elle exige la production de pièces d'identité.

(²) Le maire peut se baser, pour faire réclamer ces renseignements par la police, sur le paragraphe 1er de l'article 97 de la loi du 5 avril : « La police municipale a pour objet d'assurer... la sûreté... publique. » Les indications suivantes de l'article ne sont nullement limitatives. *Il est indispensable, d'ailleurs, de rappeler qu'il convient de n'user de ce droit que dans des circonstances exceptionnelles et avec tous les ménagements nécessaires.*

nicipalités se mettent en mesure de les réunir rapidement pour le cas de mobilisation.

5. — Il y a intérêt pour le maire à connaître les
individus, même français, que l'on voit fréquem-
ment rôder autour des forts, des ouvrages d'art des
voies ferrées, etc., surtout lorsque les ressources de
ces individus ne paraissent pas en rapport avec
leurs dépenses. Le maire, dans ce cas, doit signaler
le fait au sous-préfet et à la gendarmerie.

Nous rappelons que quand un ballon ou un aéro-
plane atterrit dans une commune, le maire doit avertir immédiatement la gendarmerie ainsi que le sous-
préfet (¹).

6. — Dans les communes désignées comme points
de réunion pour les chevaux et voitures, l'autorité
militaire a indiqué les places sur lesquelles se feront
ces opérations. Il serait bon que le maire ait fait
choix de certains abris sous lesquels pourraient
fonctionner, en cas de pluie, les commissions de
classement et en outre de hangars, d'écuries où on
placerait, pendant quelques heures, les chevaux réquisitionnés. On pourrait, dans ces communes —
qui sont généralement assez importantes — établir,
quand il n'existe pas de halle, des abris construits
très économiquement que l'on utiliserait d'ailleurs
en temps de paix.

Le maire devrait également prévoir les mesures

(¹) V. Circ. 12 mars 1909.

à prendre pour abreuver les chevaux de réquisition.

7. — Le service de garde des voies de communication relève aujourd'hui de l'autorité militaire sans intervention des municipalités (¹); il est organisé par subdivision de région.

Les hommes affectés à ce service sont nourris par les soins des maires des localités les plus rapprochées (Voir n° 82). Ces maires doivent être prévenus dès le temps de paix, par lettre, du nombre approximatif des hommes nourris par la commune et des postes dans lesquels ils comptent.

Ces hommes reçoivent, au moment où ils partent, un brassard en toile bleue qu'ils portent au bras gauche. Ces brassards sont déposés dès le temps de paix dans les mairies des communes désignées (²).

8. — Les villages de la zone frontière peuvent être appelés dès les premiers jours à recevoir des blessés; les ambulances établies par l'armée dans les maisons réquisitionnées ne seront pas toujours suffisantes; en outre, après peu de temps peut-être, les hôpitaux militaires et civils de l'intérieur deviendront insuffisants, et il faudra que l'initiative privée vienne à leur aide par la création d'hôpitaux

(¹) Décret du 5 juillet 1890.

(²) Extrait de l'instruction ministérielle du 22 juillet 1890, publiée au *Bulletin officiel* du Ministère de l'Intérieur.

auxiliaires du territoire sur tous les points de la France ([1]).

Si l'on n'a pris aucune précaution d'avance, le fonctionnement de ces hôpitaux auxiliaires laissera beaucoup à désirer; il importe donc que, dans chaque commune, pendant le temps de paix, le maire provoque la constitution d'un groupe d'ambulancières volontaires. Cette association s'occuperait de l'instruction pratique à donner d'avance aux infirmières, du choix des locaux, s'assurerait par des promesses les approvisionnements nécessaires en objets de literie, de pansement, etc. Ces groupes d'ambulancières existent déjà dans un certain nombre de cantons; pour leur faciliter les moyens d'action, il est nécessaire de les rattacher à une Société reconnue d'utilité publique, acceptée par le Gouvernement ([2]).

9. — A ces mesures à prendre, à ces études à faire en temps de paix, il convient de joindre l'examen de certaines questions :

1° *Heure indiquée par les horloges publiques.* Pour ne pas exposer à des erreurs les troupes qui

---

([1]) Lorsque ces hôpitaux auxiliaires du territoire appartiennent à une Société reconnue d'utilité publique, les journées de malades leur sont remboursées au taux de 1 franc.

([2]) Les maires peuvent s'adresser, pour obtenir des renseignements sur l'organisation de ces groupes d'ambulancières, même dans les petits villages, au secrétariat de l'Union des femmes de France, rue de la Chaussée-d'Antin, 29, à Paris.

peuvent occuper ou traverser la commune, il est indispensable que les maires s'assurent que les horloges publiques sont réglées sur l'heure légale. Cette heure est indiquée par les horloges des chemins de fer ;

2° *Personnel de la mairie.* Il arrive que le secrétaire de la mairie, qui dans la plupart des commune doit faire toute la besogne, est vieux ou peu en mesure de remplir les fonctions ; le maire, dans ces cas, hésite bien souvent à se débarrasser de cet employé ([1]). Il doit cependant se convaincre qu'au moment d'une mobilisation, c'est sur cet agent que repose la plus grande charge, et qu'il est préférable de confier d'avance ce service à quelqu'un qui soit en mesure d'alléger la lourde besogne qui incombe à la municipalité et de faciliter les opérations de la mobilisation et des réquisitions ;

3° *Pigeons voyageurs.* Toute personne voulant ouvrir un colombier de pigeons voyageurs doit en obtenir préalablement l'autorisation du préfet, et toute personne qui reçoit à titre permanent ou transitoire des pigeons voyageurs est tenue d'en faire la déclaration à la mairie dans un délai de deux jours ([2]).

([1]) On a vu, au cours des grandes manœuvres, un maire déclarer à un officier qui se plaignait de certaines erreurs, qu'il lui rendrait service en portant une plainte officielle, que cela lui permettrait de remplacer le secrétaire de la mairie ; il n'avait pu prendre sur lui de se séparer d'un collaborateur insuffisant.

([2]) Loi du 22 juillet 1896.

Le maire doit transmettre immédiatement cette déclaration au sous-préfet ([1]).

Les lâchers de pigeons voyageurs sont d'ailleurs interdits dans les localités désignées par l'instruction générale du 15 décembre 1896 et les circulaires des 15 décembre 1896 et 11 mars 1902.

([1]) Nous rappelons que les indications relatives au sous-préfet s'appliquent au préfet pour l'arrondissement chef-lieu.

CHAPITRE II

PÉRIODE DE MENACES DE GUERRE

§ *I*ᵉʳ. — *MILITAIRES DE LA DISPONIBILITÉ, DE LA RÉSERVE, ETC...*

10. — Dès que la situation politique extérieure paraît inspirer des préoccupations sérieuses, les maires ont à préparer les mesures qu'ils devront prendre au moment où la guerre éclatera. Quoiqu'ils ne soient plus aujourd'hui les *pivots de la mobilisation*, une grande partie de leurs attributions ayant été confiées à la gendarmerie, *il y a pour eux un devoir d'honneur, de patriotisme, à assurer la prompte et stricte exécution des mesures dont ils sont chargés*. Peut-être seront-ils prévenus officieusement par les autorités civiles, mais, les mesures comprises dans ce chapitre étant absolument préparatoires, rien ne les empêche de les prendre d'eux-mêmes dès que la situation devient réellement menaçante.

11. — Les maires doivent examiner avec soin les listes des hommes appartenant aux différentes catégories de l'armée (Voir nᵒ 3) et inviter les parents de ceux qui sont absents à les mettre au courant de la situation, à les engager à revenir ou se tenir prêts à rentrer immédiatement.

Cette mesure présente une utilité particulière
pour les hommes qui, s'étant déplacés pour chan-
ger de domicile ou de résidence depuis plus d'un
mois, ou pour voyager depuis plus de deux mois,
ont négligé de faire à la gendarmerie la déclaration
prévue par la loi de recrutement. Ces hommes doivent, en effet, rejoindre leurs corps, à la mobilisation, dans les mêmes conditions de temps que s'ils
ne s'étaient pas déplacés : ils n'ont droit à aucun
délai supplémentaire (¹).

Elle sera même utile pour les jeunes gens établis
ou résidant momentanément à l'étranger et ayant
rempli les formalités prescrites pour les déclarations par la loi du 21 mars 1905. Quoiqu'ils reçoivent, au moment de la mobilisation, un avis par
les soins du consul, il peut y avoir avantage pour
eux à être prévenus d'avance par leurs parents.

12. — Les maires doivent également revoir la
liste des insoumis et avertir leurs familles que, la
guerre pouvant éclater, il y a pour eux le plus grand
intérêt à se tenir prêts à rentrer immédiatement.
C'est qu'en effet si, jusqu'à ce moment, l'insoumission n'est punissable que d'un mois à un an de
prison, sans envoi aux compagnies de discipline,
sans qu'une note d'infamie soit ensuite attachée

. (¹) Nous rappelons que les hommes qui négligent de faire
à la gendarmerie, lorsqu'ils se déplacent, la déclaration
prévue par la loi du recrutement, sont, en temps de paix,
passibles de peines disciplinaires. (Loi du recrutement,
art. 85.)

à leur nom, il n'en est plus de même dès que la guerre est déclarée (Voir n°ˢ 44 et 49).

13. — Dans les quelques jours qui précéderont la mobilisation, il est probable que les maires auront à distribuer des ordres individuels d'appel à certains hommes de la réserve et de l'armée territoriale; ces ordres, que le maire recevra directement contre reçu de la gendarmerie, devront être distribués d'urgence et le garde champêtre devra se faire donner — sur un papier quelconque, s'il n'a pas de reçu imprimé — reçu de l'ordre d'appel, soit par l'individu lui-même, soit, à défaut, par sa femme ou ses parents habitant la même maison. Il paraît préférable de ne pas laisser l'ordre à un voisin et de faire prévenir, dans ce cas, l'intéressé de passer de suite à la mairie.

14. — Le maire doit se préoccuper des conséquences que peut avoir pour la vie publique de sa commune le départ de certains réservistes ou territoriaux. Cette question a peu d'importance dans une ville où il est facile de pourvoir aux vacances, mais il n'en est pas de même dans les campagnes. Il importe donc que le maire s'informe auprès du médecin, du pharmacien, seuls peut-être dans le canton, des dispositions qu'ils comptent prendre pour se faire suppléer.

Il devra en même temps se préoccuper du remplacement éventuel, pour la durée de la guerre,

des employés municipaux appelés sous les drapeaux, secrétaire et agents de la mairie, gardes
champêtres, gardes des forêts communales, agents
de police, employés de l'octroi.

15. — Le maire doit enfin arrêter les dispositions
à prendre pour qu'au moment où il recevra l'ordre
de mobilisation, il puisse le faire connaître le plus
rapidement possible à la population. La liste des
points d'affichage arrêtée par l'autorité militaire
est entre ses mains ; il doit choisir les personnes qui,
résidant autour de la mairie, sont en mesure de
compléter les affiches ou de les porter le plus rapidement sur les différents points de la commune et
les prévenir officieusement qu'il pourra, d'un moment à l'autre, avoir à faire appel à leur concours.

Il se tient au courant des absences des membres
civils des commissions de réquisition.

Il s'assure qu'il existe à la mairie, ou à proxi-
mité, les objets nécessaires pour l'apposition des
affiches (colle, pots, pinceaux, etc.).

§ 2. — *RÉQUISITION DES CHEVAUX ET DES VOITURES*

16. — Le maire doit s'assurer que le registre de
déclaration et la liste de recensement des chevaux
établis chaque année, ainsi que les mêmes documents établis tous les trois ans pour les voitures,
sont tenus à jour. Il y fait inscrire les animaux
nouvellement arrivés dans la commune et avertit
par note les propriétaires de ces inscriptions.

Il notifie au bureau de recrutement ([1]) les morts
d'animaux, les ventes ou déplacements, en indiquant, autant que possible, les communes sur lesquelles les chevaux ont été dirigés.

§ 3. — MESURES EN VUE DU CANTONNEMENT DES TROUPES

17. — Il appartient au maire d'assurer le logement des troupes de passage ([2]), de prendre toutes
les précautions nécessaires pour faciliter, rendre le
plus rapide possible, leur installation. Le maire
doit, par suite, revoir l'état des logements (voir
n° 2-4°); il peut, en outre, utilement, visiter les
maisons, donner quelques conseils aux propriétaires
pour les installations à faire en vue du logement
de la troupe; il fait relever enfin la liste des habitations fermées par suite de l'absence des propriétaires ou locataires.

18. — L'approvisionnement des habitants est une
question dont il convient de se préoccuper, en te-
nant compte des passages possibles de troupes. Ces
approvisionnements extraordinaires ne doivent se

---

(1) Ces informations ne sont évidemment pas obligatoires,
mais tout maire, qui a souci de faciliter la mobilisation, doit
les fournir au bureau de recrutement.

(2) Décrets des 23 mai 1792, 18 janvier 1793. Loi du 3 juillet 1877, art. 11, etc... En se fondant sur son devoir d'assurer
le logement des troupes, le maire a le droit de visiter les
maisons ; il convient d'ailleurs qu'il n'use de ce droit qu'a-
vec une grande réserve tant que la mobilisation n'est pas
ordonnée.

préparer dans la zone frontière qu'après avoir consulté le sous-préfet.

Le maire doit d'ailleurs établir, en vue des réquisitions possibles, un état des ressources en vivres et en fourrages existant chez chaque habitant.

19. — Des mesures seront prises immédiatement pour éviter les épizooties qui peuvent facilement se déclarer, soit au moment de la conscription des chevaux, soit lors du passage de grandes masses de cavalerie.

Le maire doit visiter les écuries et prescrire les mesures d'assainissement qu'il juge nécessaires. Ces mesures peuvent faire l'objet d'un arrêté de police (modèle n° 1) qu'il y aurait intérêt à publier d'avance dans les communes centres de conscription des chevaux (¹).

Le maire doit rappeler aux habitants les prescriptions de la loi du 21 juillet 1881 sur les épizooties; c'est à lui que l'obligation incombe de prévenir d'urgence le vétérinaire sanitaire des maladies contagieuses dont les animaux de la commune sont atteints ou même soupçonnés.

20. — Une attention spéciale doit être portée sur les fontaines publiques et les abreuvoirs; on doit empêcher de déposer des immondices auprès des

_____

(¹) Les arrêtés de police doivent toujours être affichés à la porte de la mairie ; il est utile en outre de les faire publier.

fontaines, d'y abreuver les bestiaux; le maire peut
même régler les heures de puisage. Il doit défendre
de laver ou d'envoyer des eaux sales dans les parties d'un ruisseau en amont d'un abreuvoir (Voir
modèle n° 2) (1). Sans doute, certaines de ces mesures seront gênantes pour les habitants, mais c'est
un sacrifice qu'ils peuvent faire au pays, sacrifice
qui leur paraîtra peut-être moins lourd s'ils songent
que l'ennemi ne se gênerait pas pour ordonner des
dispositions beaucoup plus sévères.

§ 4. — POLICE DES ÉTRANGERS. SURVEILLANCE DES VOIES FERRÉES

21. — La surveillance dont nous avons indiqué
la nécessité (n°ˢ 4 et 5) sur les étrangers et les espions doit devenir plus étroite dès que les craintes
de guerre se manifestent. Dans ce but, le maire doit
exiger des aubergistes l'envoi à la mairie, tous les
matins (2), d'un extrait du registre sur lequel ils
inscrivent les voyageurs (art. 475 du Code pénal).
Les gardes champêtres et agents de police peuvent
procéder à l'arrestation des vagabonds, mais il est

(1) Le complément d'arrêté relatif, s'il y a lieu, à la réglementation des heures de puisage, à leur partage entre les
habitants et la troupe, sera pris après entente avec l'autorité militaire commandant les troupes de passage.

(2) Cet envoi ne peut être exigé que le matin, le logeur
n'étant tenu d'inscrire les voyageurs *qu'à l'expiration de la
nuit passée chez lui*. (Cf. arrêt de la Chambre criminelle du
18 mars 1911.

nécessaire pour cela que le maire ait pris un arrêté de police, portant que tout individu étranger à la commune, ne justifiant pas d'un domicile certain, ni de moyens d'existence, ni d'un métier ou profession *exercé habituellement*, sera immédiatement arrêté et mis à la disposition du procureur de la République (Voir modèle n° 11).

22. — Le maire porte son attention sur les abords des voies ferrées. Il signale les gens suspects qui lui seraient indiqués, dans le voisinage de ces voies.

Il veille spécialement à l'atterrissage des ballons et aéroplanes et à leur garde jusqu'à l'arrivée de la gendarmerie et s'assure que les pilotes ne détruisent aucun de leurs papiers.

§ 5. — MESURES DIVERSES DE POLICE

23. — Le maire doit prendre soin de faire placarder *immédiatement* toutes les affiches émanant de la sous-préfecture ou des autorités militaires. Les agents chargés de ce service seront prévenus qu'ils encourent une responsabilité personnelle et la possibilité d'une révocation s'ils ne remplissent pas immédiatement la mission qui leur est confiée. Ils seront avertis d'ailleurs, d'une manière générale, qu'ils doivent, dès ce moment, se pénétrer de la gravité éventuelle des circonstances et de la nécessité pour eux de remplir strictement, sans délai, toutes les missions qui leur sont confiées. Cette recommandation, avec menace de révocation, devra être faite spécialement aux individus enclins à la boisson.

24. — Il peut se faire qu'en vue, soit des opérations de la commission de réquisition des chevaux et voitures, soit de l'appel des réservistes, soit du passage des troupes, il y ait utilité à prévoir la possibilité de prescrire l'éclairage de la commune. Un arrêté (modèle n° 3) devra être pris pour indiquer aux habitants les prescriptions applicables dans ce cas, les inviter à s'approvisionner de lanternes ou d'appareils d'éclairage. Cet arrêté doit prévoir également, et surtout, l'éclairage des voitures et autres objets laissés sur la voie publique que les colonnes de troupes pourraient rencontrer sur leur route.

25. — Le maire doit vérifier si les horloges publiques sont bien réglées (Voir n° 9); il s'assure qu'elles indiquent exactement l'heure de la gare de chemin de fer la plus voisine.

26. — Lorsque la commune possède un bureau télégraphique municipal, l'employé chargé de ce service doit recevoir des ordres directs de l'Administration; le maire n'a donc pas à s'en préoccuper.

27. — Nous rappelons à ce sujet que le maire ne peut envoyer gratuitement des dépêches qu'au sous-préfet, ou au préfet dans l'arrondissement chef-lieu. Il a bien également la franchise télégraphique, comme suppléant légal du sous-intendant militaire, avec les commandants de corps d'armée, les chefs de corps, les commandants des bureaux de recrutement, les fonctionnaires de l'intendance, mais il ne peut en user que pour les besoins urgents du service de l'intendance.

28. — Le maire doit rappeler aux fermiers des bacs et ponts à péage que tous les hommes appartenant à l'armée peuvent passer, sans payement, dès l'affichage de l'ordre de mobilisation, sur la production de leur livret militaire.

29. — Une surveillance spéciale devant être exercée sur les femmes se livrant à la prostitution, au moment de la mobilisation, ou lors des passages de troupes, le maire doit faire établir par le commissaire de police la liste des femmes qu'il y aura lieu de surveiller particulièrement; à défaut de commissaire de police, des renseignements devront être recueillis par le garde champêtre.

Le maire devra préparer, s'il n'existe déjà, un arrêté prescrivant l'inscription sur les registres de la police des femmes se livrant clandestinement à la prostitution (¹); cet arrêté, pour être immédia-

(¹) Le fait d'appeler au commissariat de police les femmes qui ont été l'objet d'un arrêté les inscrivant sur les registres de la police et de leur notifier cet arrêté suffit pour les

tement exécutoire, ne devra se rapporter qu'à une période de temps limitée ([1]) ; il ne doit donc être que préparé, de manière à être publié le jour de la mobilisation.

30. — Le maire doit vérifier la liste des propriétaires de pigeons voyageurs établie en vertu du décret du 15 septembre 1885. Il s'informe auprès des chefs de gares et des gardes champêtres s'il est arrivé des envois de pigeons, et prévient immédiatement le sous-préfet.

31. — Dans les communes voisines de la frontière, le maire doit demander au sous-préfet des instructions spéciales pour le cas où, la guerre éclatant, la commune se trouverait parcourue par des cavaliers ennemis. Il y aura lieu de prévoir ce qu'on fera pour les armes en dépôt dans la commune, pour les archives municipales, pour les bestiaux à évacuer dans l'intérieur du pays (Voir nᵒˢ 93, 94, 95).

---

obliger à toutes les prescriptions des arrêtés municipaux sur la police des mœurs (arrêt de la Cour de cassation du 14 novembre 1861.)

([1]) Loi du 5 avril 1884, art. 95. Les arrêtés réglementaires des maires, à moins qu'ils s'appliquent uniquement à certaines circonstances spéciales, à une période de temps déterminée, ne sont exécutoires qu'après un délai d'un mois compté du dépôt à la sous-préfecture, à moins que le maire n'obtienne de l'autorité préfectorale une déclaration d'urgence.

CHAPITRE III

PÉRIODE DE MOBILISATION ET DE CONCENTRATION

§ 1er. — ARRIVÉE DE L'ORDRE DE MOBILISATION

32. — Les mesures que nous avons passées en revue jusqu'à présent ne sont (sauf celles indiquées aux n°s 2, 13, 16, §§ 1, 23) imposées aux maires par aucune prescription légale ou réglementaire : leur patriotisme, le sentiment des devoirs qui leur incombent les engagent à les exécuter. Nous entrons maintenant dans la catégorie des mesures auxquelles les maires sont *obligés* par la loi de se conformer; ils ne sauraient se dispenser de les remplir sans être non seulement considérés comme indignes du poste qui leur est confié, par suite suspendus ou révoqués, mais encore passibles de pénalités, par exemple d'une amende de 25 à 500 francs dans le cas de non exécution des obligations qui leur incombent pour le service des réquisitions (¹).

33. — Le gendarme qui apporte l'ordre de mobi-

(¹) Il est utile qu'à partir de ce moment le maire soit en mesure de toujours revêtir son écharpe. Des sommations, par exemple, ne peuvent être faites légalement par une personne non revêtue de son écharpe (Loi du 7 juin 1848, art. 3). Ce droit a été par exemple dénié à un sous-préfet en uniforme, mais ne portant pas son écharpe.

lisation fait appeler à la mairie le maire, à défaut
l'adjoint ou un conseiller municipal quelconque; il
a le droit de les requérir.

Le maire reçoit du gendarme un paquet comprenant :

1° Les affiches de mobilisation;

2° Les instructions sommaires résumant les devoirs qui incombent aux maires;

3° Des affiches de réquisition;

4° Un tableau de correspondance entre les jours
de mobilisation et les dates du calendrier;

5° Eventuellement les lettres de convocation des
membres civils des commissions de réquisition et
de leurs suppléants.

Le maire compte les affiches, en donne reçu au
gendarme (¹), puis, *devant celui-ci*, complète ou fait
compléter l'une des affiches en inscrivant la date
en toutes lettres et le nom du premier jour de la
mobilisation.

34. — Le maire fait aussitôt chercher le secrétaire de la mairie, l'instituteur, les conseillers municipaux et au besoin les citoyens voisins de la
mairie en mesure de remplir les affiches, conformément à celle qui a été complétée devant le gendarme :

(¹) Nous rappelons que tous les récépissés délivrés par
les maires doivent être *signés* par eux. L'emploi d'une griffe
est interdit. (Arr. des consuls du 17 ventôse an IX, art. 1ᵉʳ.)

Il fait en même temps chercher : 1° les estafettes devant porter et mettre en place les affiches dans les hameaux conformément au tableau d'affichage (Voir n° 15); 2° les ustensiles nécessaires pour l'apposition des affiches (colle, pots, pinceaux, etc...).

Dès qu'une affiche est remplie, le crieur public doit en donner connaissance dans le bourg.

Les cloches sont mises en branle : on se trouve en effet dans le cas de péril commun prévu par la loi (¹) et il y a le plus grand intérêt à signaler d'urgence aux populations la gravité de la situation.

Les citoyens réunis à la mairie remplissent les affiches de mobilisation (²); le maire prend, pendant ce temps, connaissance de l'instruction sommaire jointe au paquet.

35. — Il fait remplir par le secrétaire de la mairie le tableau de correspondance entre les jours de la mobilisation et les dates du mois. Ce tableau est un calendrier pour la période de mobilisation; en face de l'indication : premier jour de la mobilisation, on y porte, outre la date, le *nom* du jour et on inscrit au-dessous les jours suivants de la se-

---

(¹) Loi du 5 avril 1884, art. 100.

(²) En tête de chaque affiche, un espace blanc est réservé après les mots : *le premier jour de la mobilisation est le...*; on y inscrit en gros caractères *et en toutes lettres* le nom et la date du premier jour de la mobilisation, tel qu'il a été inscrit par le maire sur la première affiche, conformément aux indications du gendarme.

maine. Aussitôt rempli, ce calendrier est affiché à la porte de la mairie (¹).

36. — Le maire peut avoir à fournir à la gendarmerie des estafettes pour porter les affiches de mobilisation d'une brigade à une autre; il procède, s'il ne trouve pas d'hommes de bonne volonté, par voie de réquisition.

37. — Dès que le maire s'est assuré que les affiches sont expédiées dans toute la commune, il fait porter les lettres destinées aux membres civils des commissions de réquisitions; comme il a dû s'informer d'avance si les membres titulaires sont présents (Voir n° 15), il fait remettre directement, en cas d'absence, les lettres destinées aux suppléants.

§ 2. — MISE EN ROUTE DES SOLDATS DE DIFFÉRENTES CATÉGORIES

38. — Le maire prévient les hommes de l'armée active (²) en permission qu'ils doivent rejoindre,

---

(1) Ce tableau doit être établi de la manière suivante :
En admettant que le 1er jour de la mobilisation soit le samedi 6 octobre, on écrit :
Le 1er jour de la mobilisation est le samedi 6 octobre.
Le 2e jour de la mobilisation est le dimanche 7 octobre.
Le 3e jour de la mobilisation est le lundi 8 octobre.

(2) Les hommes appartenant aux équipages de la flotte (*partie fournie par le recrutement*) sont soumis aux mêmes règles que les militaires de l'armée de terre.

conformément aux prescriptions de leur titre de permission relatives au cas de mobilisation : il les avertit qu'ils seront considérés comme déserteurs s'ils n'obéissent pas immédiatement à cet ordre. Les hommes en congé *de convalescence* ou en congé *de réforme temporaire* conservent la faculté de rester dans leurs foyers jusqu'à l'expiration de leur congé.

39. — Les hommes de la réserve de l'armée active et de l'armée territoriale doivent se mettre en route, dans les conditions prescrites par l'ordre de route inséré dans leur livret individuel.

Les maires doivent être prêts à renseigner ceux de ces hommes qui éprouveraient quelque hésitation ([1]). Ils veillent également au départ des hommes auxquels il aurait été remis un ordre d'appel individuel.

40. — Les hommes affectés aux services auxiliaires se conforment aux ordres d'appel leur assignant une destination portée sur leurs livrets ou indiquée par les affiches.

41. — Les catégories d'hommes des réserves qui ne sont pas soumises à la règle générale en ce qui concerne l'appel sous les drapeaux à la mobilisation sont :

([1]) Nous rappelons à ce sujet que les jours de mobilisation se comptent de minuit une minute à minuit, sans interruption, sans tenir compte des dimanches ou jours de fête.

1° La catégorie dite de l'*affectation spéciale* comprenant les fonctionnaires ou agents de certaines administrations, utilisés pour former des corps spéciaux à la mobilisation (sections de chemins de fer de campagne, sections techniques de télégraphie militaire, bataillons et compagnies de douaniers et de chasseurs forestiers, etc.) ;

2° La catégorie dite des *non affectés* et celle des *non disponibles* comprenant les fonctionnaires ou agents de certaines administrations, maintenus dans leurs postes de temps de paix, en vue de faire fonctionner des services d'intérêt général ou nécessaires aux besoins de l'armée ;

3° La catégorie des *hommes en sursis d'appel* comprenant des fonctionnaires, agents ou employés de certains services, établissements, usines, etc., dont l'appel est retardé tant que leur présence à leurs postes du temps de paix est reconnue nécessaire par l'administration militaire.

Le fait d'être titulaire d'un emploi dans l'une des administrations ou dans l'un des services ou établissements ci-dessus visés *ne suffit pas pour être autorisé à ne pas rejoindre immédiatement*. Il faut encore être pourvu d'un certificat d'inscription sur les contrôles de l'affectation spéciale, de la non-affectation ou de la non-disponibilité ou d'un fascicule de mobilisation d'un modèle spécial (pour les hommes en sursis d'appel).

Les pièces militaires dont les hommes des réserves sont munis leur indiquent d'ailleurs, d'une manière précise, leurs obligations en cas de mobilisation.

_ Le maire rappellera à ceux d'entre eux qui viendraient le consulter sur leur situation qu'à partir de la publication de l'ordre de mobilisation ils doivent se considérer comme mobilisés, qu'ils sont soumis aux lois militaires, qu'ils sont passibles des conseils de guerre pour les crimes ou délits prévus aux articles 204 à 266 du Code de justice militaire.

42. — En principe, les maires n'ont pas à intervenir dans la mobilisation des inscrits maritimes.

Dans le cas où un inscrit d'une catégorie mobilisée s'adresse au maire de sa commune pour savoir ce qu'il a à faire, deux cas peuvent se présenter :

1° Si la commune est comprise dans la circonscription d'un quartier d'inscription maritime, le maire doit enjoindre à l'inscrit d'aller se présenter, dans le plus bref délai possible, à l'autorité maritime, — administrateur de l'inscription maritime ou syndic des gens de mer, — la plus rapprochée du lieu de sa résidence ;

2° Si la commune n'est pas comprise dans la circonscription d'un quartier, le maire demande à l'inscrit s'il a fait à la gendarmerie la déclaration de résidence exigée ; dans le cas de négative, il l'invite à faire immédiatement cette déclaration et prévient, de son côté, l'administrateur du quartier au-

quel appartient l'homme, du lieu de sa résidence
et de son adresse.

Le fascicule de mobilisation joint au livret individuel du réserviste de l'armée de mer indique d'une
manière très explicite la conduite à tenir par son
détenteur à la mobilisation.

43. — Le maire recommande aux hommes qui
rejoignent leurs corps de se munir de deux chemises, d'un caleçon, de deux mouchoirs, d'une paire
de chaussures en bon état, brisées aux pieds; il
les informe que la valeur des chaussures, si elles
sont du modèle réglementaire, affiché dans les communes en 1891, leur sera remboursée à l'arrivée
au corps. Il les invite à se faire couper les cheveux
(Voir modèle n° 4).

44. — Il est nécessaire de rappeler à la population que chacun doit se conformer aux prescriptions
de l'ordre de route contenu dans son livret individuel, que la non-observation de ces prescriptions
constitue l'insoumission punie de deux à cinq ans
de prison et de la perte des droits électoraux, puis
de l'envoi dans une compagnie de discipline ([1]), en
outre de l'affichage dans toutes les communes du

[1] La loi n'a pas indiqué la durée du temps à passer
dans les compagnies de discipline ; il paraît évident que
ce temps, commençant après la sortie de prison, sera égal
à celui que le militaire aurait dû passer sous les drapeaux
pendant toute la période de mobilisation.

canton pendant toute la durée de la guerre, que ces peines seront appliquées dans toute leur rigueur par les conseils de guerre.

Ont seuls droit à un délai de deux jours les hommes absents de leur résidence à la mobilisation, *à la condition qu'ils aient fait à la gendarmerie la déclaration de leur changement de résidence.*

Cet avis rappelle en outre aux habitants que le fait de chercher à éloigner les militaires de leurs drapeaux, de les engager à ne pas rejoindre immédiatement, est puni d'un emprisonnement d'un mois à un an, que le fait de cacher un insoumis ou de l'employer à son service est puni d'un emprisonnement de six mois au maximum ou d'une amende de 50 à 500 francs.

Si les actes ci-dessus sont commis par un fonctionnaire public ou un employé du Gouvernement, la peine peut être portée à deux ans de prison et, *en outre*, à une amende s'élevant jusqu'à 2,000 fr.

Le fait d'inviter les réservistes à ne pas rejoindre, constitue évidemment la provocation des militaires à la désobéissance, punie par la loi du 28 juillet 1894 (art. 2, 2°). Il est vrai qu'on a considéré cet article comme non applicable quand il s'agit de jeunes conscrits qui ne sont pas encore incorporés; mais il ne peut en être de même des hommes des réserves, *après la publication de l'ordre de mobilisation générale.* Ces hommes appartiennent en effet à ce moment à un corps de troupe (¹) et ils sont soumis à la juridiction militaire (²). Il n'est donc pas douteux qu'ils sont militaires et que par suite toute provocation dans le but de les détourner de leurs devoirs militaires tombe sous le coup de la loi.

45. — Le maire fait appeler les parents des jeunes gens absents du village et les engage à signaler à ceux-ci la situation suivante résultant de la loi de 1889 :

1° Les délais d'appel ne sont pas prolongés pour ceux qui, bien qu'absents de France, n'ont pas fait une déclaration régulière d'absence à la gendarmerie ou une déclaration de résidence au consul dans le ressort duquel ils se sont établis ;

2° Pour ceux voyageant hors du territoire métropolitain après déclaration régulière, ou ayant établi leur résidence à l'étranger, le délai pour rejoindre est d'un mois s'ils sont en Europe ou en Algérie, et de trois mois s'ils se trouvent dans tout autre pays.

Ces délais comptent : pour les hommes en voyage, de l'ordre de mobilisation, pour ceux résidant à

(¹) Loi de recrutement, art. 40. Ils sont tenus de rejoindre *leur corps* en cas de mobilisation.

(²) Les hommes autorisés à ne pas rejoindre immédiatement sont, *dès la publication de l'ordre de mobilisation*, soumis à la juridiction des tribunaux militaires (Loi de recrutement, art. 42). *A fortiori* il en est de même des autres.

l'étranger, de la notification à eux faite par le consul.

46. — Des cas de force majeure peuvent seuls retarder le départ. Ces cas de force majeure sont uniquement la maladie régulièrement constatée et l'emprisonnemnt.

Pour les malades, le maire fait parvenir au commandant du bureau de recrutement, après l'avoir visé, un certificat médical constatant la nature de la maladie et la durée préalable du traitement. Le maire y joint un état indiquant les hommes en traitement hors de la commune, en particulier les aliénés.

Pour les hommes en état de détention, il est établi un état faisant connaître la durée de la peine et le tribunal ou la cour qui l'a prononcée (¹).

47. — Il peut arriver que les hommes rappelés tombent malades en se rendant de leur résidence au point de mobilisation : le maire de la commune dans laquelle se produit ce fait doit faire entrer le militaire à l'hôpital, ou, quand il n'en n'existe pas, établir un bon de réquisition pour une voiture de-

---

(¹) Ces différents états feront probablement double emploi avec ceux envoyés par les directeurs des établissements d'aliénés ou les directeurs des circonscriptions pénitentiaires ; mais il est à craindre que quelques-uns de ces états ne s'égarent, et il est indispensable que les renseignements qu'ils contiennent parviennent au bureau de recrutement.

vant conduire ce malade à l'hôpital le plus voisin.
Au dos du bon de réquisition (modèle n° 5), le maire
signe un certificat de maladie et y appose le cachet
de la mairie. Il informe ensuite le commandant du
bureau de recrutement (¹).

48. — Dès que la mise en route a eu lieu, le maire
doit s'assurer qu'il ne reste plus dans la commune
d'hommes devant rejoindre les drapeaux. Il doit
faire inviter par la police locale tout individu présent dans la commune, et dont la situation militaire
ne lui est pas connue, à se présenter immédiatement à la mairie et à justifier des motifs de sa non-
présence sous les drapeaux (²). En cas de non-obéis-
sance immédiate, l'individu sera arrêté et mené devant le maire. On pourra ainsi saisir les insoumis,
les livrer à la gendarmerie et procéder en même
temps à une sorte d'appel des étrangers (Voir n° 4).

(1) Nous rappelons à ce sujet que les maires peuvent cor-
respondre en franchise avec tous les commandants de bureaux de recrutement et de mobilisation.

(2) Tout homme ayant dépassé l'âge de l'appel sous les
drapeaux comme jeune soldat, doit présenter une pièce établissant sa situation militaire et définissant nettement, s'il
y a lieu, les obligations auxquelles il est soumis en cas de
1° Certificat d'exemption du service militaire ;
mobilisation. Cette pièce est l'une des quatre suivantes :
2° Certificat de réforme ;
3° Certificat d'inscription sur les contrôles de l'affectation
spéciale, de la non-affectation ou de la non-disponibilité ;
4° Livret individuel complété par le fascicule de mobilisation.

49. — Dès que le maire reçoit du préfet notification des noms des insoumis du canton, il doit, si cette liste ne lui est pas envoyée imprimée, la faire recopier et l'afficher immédiatement. Cette affiche doit être maintenue et au besoin renouvelée, comme un brevet d'infamie, pendant toute la durée de la guerre (¹). Le maire doit, d'ailleurs, *sur l'avis du préfet,* rayer de cette liste les noms des hommes qui auront rejoint.

50. — Le maire convoque le conseil municipal pour examiner les mesures qu'il convient de prendre, et en particulier la question des secours à accorder aux familles des hommes appelés sous les drapeaux (²). Le délai de trois jours, fixé par la loi municipale, entre la convocation et la réunion, ne constitue pas, dans ce cas, une difficulté ; il n'est donc pas nécessaire de solliciter du sous-préfet une déclaration d'urgence. Nous rappelons que la con-

---

(1) Ce n'est pas la condamnation pour insoumission, mais bien le fait même de l'insoumission qui entraîne l'affichage : le conseil de guerre ne peut en effet juger l'insoumis contumax (loi du 15 juillet 1889, art. 61, § 6). L'insoumission résulte non de la condamnation, mais du fait de n'avoir pas rejoint au jour indiqué. C'est le commandant de recrutement qui notifie aux préfets les noms à inscrire sur la liste des insoumis, et les prévient également des noms des hommes qui auront rejoint, pour les rayer de la liste.

(2) La loi du 14 avril 1908 relative aux allocations sur les fonds d'Etat en faveur des familles des réservistes et des territoriaux, ne s'applique qu'au cas des appels de temps de paix.

vocation doit indiquer les questions qui seront examinées.

§ 3. — RÉQUISITION DES CHEVAUX ET VOITURES

51. — Les affiches de réquisition des chevaux et voitures placées à côté des affiches de mobilisation indiquent aux habitants :

1° Les jour, heure et lieu de présentation à la commission de réquisition, de leurs animaux et, le cas échéant, de leurs voitures ;

2° Les animaux et voitures qui doivent être présentés.

Doivent être présentés à la commission de réquisition tous les animaux présents dans la commune ayant, *au moment de la réquisition*, l'âge légal. Sont seuls exceptés les animaux réformés antérieurement, ceux qui sont compris dans l'un des cas d'exemption prévus par l'article 40 de la loi du 3 juillet 1877 (¹), ceux appartenant aux agents non

---

(¹) Chevaux appartenant au Chef de l'Etat — chevaux dont les fonctionnaires *sont tenus* d'être pourvus pour leur service — chevaux entiers approuvés ou autorisés pour la reproduction — juments en état de gestation constaté, ou suitées d'un poulain, ou notoirement reconnues comme consacrées à la reproduction — chevaux et juments n'ayant pas atteint l'âge de six ans — mulets ou mules au-dessous de quatre ans — chevaux de l'administration des postes ou entretenus pour son service par des contrats particuliers — chevaux indispensables pour assurer le service des administrations publiques ou chevaux affectés aux transports de matériel nécessités par l'exploitation des chemins de fer (ces chevaux peuvent d'ailleurs être requis comme les voies ferrées elles-mêmes).

français des services diplomatiques ou consu-
laires (²).

Dans les communes désignées pour fournir des
voitures, toutes les voitures, attelées ou non, classées lors du dernier classement des voitures, doivent être conduites devant la commission.

Le maire rappelle aux habitants *et aux étrangers
à la commune qui y seraient de passage* qu'ils sont
tenus de faire conduire leurs animaux et voitures
au centre de réquisition, s'ils ne peuvent les conduire eux-mêmes. Il leur signale les pénalités auxquelles s'exposeraient ceux qui ne se conforme-
raient pas à cette prescription sans pouvoir invoquer de motif légitime admis par la commission.

52. — Dans le but d'éviter l'encombrement et le
désordre sur le lieu de réquisition, il sera utile que
le maire fixe l'heure du départ en commun des
chevaux et voitures; il partira lui-même en ayant
soin d'emporter, ainsi que l'indiquent les affiches
de réquisition : 1° le tableau n° 2 du dernier classement des chevaux et mulets; 2° s'il y a lieu, le
tableau n° 2 *bis* du dernier classement des voitures.
Il doit, en outre, se munir, afin d'être prêt à fournir tous les renseignements de nature à éclairer la
commission : 1° du registre de déclarations et de
la liste de recensement; 2° de la liste des propriétaires non inscrits sur le dernier tableau de classe-

---

(²) Art. 75 du décret du 2 août 1877 modifié par le décret
du 28 juin 1910.

ment n° 2 possédant des animaux susceptibles d'être requis.

Au moment où il arrive avec son convoi au point désigné pour sa commune par la commission de réquisition, le maire groupe les animaux (sauf ceux qui sont attelés) par ordre alphabétique des propriétaires ; puis les voitures d'après l'ordre des numéros du tirage au sort du dernier classement. Les animaux qui forment attelage des voitures ne sont pas dételés.

Le maire assiste aux opérations de la commission en ce qui concerne les animaux appartenant à ses administrés. Il fait réunir ensuite les chevaux et voitures non réquisitionnés et reforme un convoi qu'il ramène dans sa commune.

53. — Il peut se trouver dans une commune, notamment à propos d'une fête, d'une foire, des chevaux appartenant à des forains, un cirque ambulant, par exemple ; le maire doit faire appeler immédiatement tous les propriétaires, leur demander dans quelle situation sont leurs chevaux au point de vue de la conscription, les avertir qu'ils aient à les joindre au convoi de la commune, leur rappeler les pénalités auxquelles ils s'exposent en cherchant à se soustraire à ces obligations (¹).

(¹) L'article 75 du décret du 2 août 1877 indique les étrangers qui sont dispensés de la réquisition ; il n'appartient pas au maire de statuer sur les questions qui peuvent se soulever à ce sujet, sur celle de savoir si un individu se disant étranger, Russe ou Espagnol, par exemple, proprié-

Dans le cas où le maire apprendrait que des chevaux se trouvant dans la commune au moment de l'ordre de mobilisation sont expédiés pour une autre destination, il doit prévenir immédiatement la gendarmerie par le télégraphe ou, à défaut, par exprès.

54. — Nous rappelons que, d'une manière générale, les maires doivent, en matière de réquisition comme d'appel, s'abstenir d'interpréter les règlements. Ils doivent — mais ils doivent uniquement – rappeler aux intéressés les prescriptions légales ou réglementaires.

55. — Le maire de la commune dans laquelle se fait la réquisition des chevaux et voitures doit prendre les mesures que nous venons de passer en revue; il doit en outre :

1° Convoquer en temps utile les secrétaires et maréchaux ferrants désignés pour être attachés à la commission de réquisition (¹);

---

taire d'un cirque, peut dispenser de la conscription 50 ou 60 chevaux. Le devoir du maire est uniquement d'avertir, d'une part les autorités, de l'autre le président de la commission.

(¹) Le personnel a droit, pour chaque journée d'opération, à une indemnité payée par le président.

En principe, il est recruté parmi les hommes des réserves et cette mission spéciale est indiquée sur le fascicule de mobilisation avec les indications nécessaires.

A défaut d'hommes de la réserve ou de l'armée territoriale remplissant les conditions voulues, le maire est appelé, *en temps de paix*, à désigner d'avance les secrétaires et les maréchaux ferrants.

2° Se tenir à la disposition du président de la commission pour désigner d'urgence et réquisitionner en cas de besoin des secrétaires ou des maréchaux ferrants supplémentaires ;

3° Mettre à la disposition du président le personnel de la police locale pendant la durée des opérations, convoquer au besoin les sapeurs-pompiers. Ceux-ci sont obligés de concourir aux services d'ordre, sur la réquisition du maire (¹) ;

4° Délivrer, sur la demande du chef de brigade de la gendarmerie, des billets de logement pour le personnel de la commission et pour les conducteurs ;

6° Prendre des mesures de police pour éviter le tapage et l'ivresse (Voir n° 86) ;

6° Prendre un arrêté (modèle n° 7) établissant une fourrière pour les chevaux et voitures refusés par la commission qui pourraient être abandonnés par leurs propriétaires.

Il serait très utile que, dans les communes où il existe des instituteurs adjoints, l'un d'eux puisse rester à l'école, où on consignerait les enfants pendant la durée des opérations. A défaut d'instituteur, le maire pourrait demander à un délégué cantonal de surveiller l'école, et inviter les parents à y envoyer leurs enfants pour éviter les accidents.

56. — Le maire doit désigner les habitants nécessaires pour saisir les animaux et voitures non ame-

---

(¹) Décret du 29 décembre 1875, articles 1 et 19.

nés à la réquisition. Le président de la commission
établit un ordre de saisie et en même temps un
ordre de réquisition pour un ou plusieurs conducteurs ; cette dernière réquisition est remise au maire,
qui désigne les conducteurs et les met à la disposition du gendarme chargé d'effectuer la saisie. Il
en est de même quand la saisie est ordonnée, non
par le président de la commission, mais plus tard,
sur son rapport, par le général commandant le territoire : dans ce cas, c'est au maire de la commune
où réside le propriétaire saisi qu'il serait préférable de s'adresser pour désigner les conducteurs ;
mais cette tâche peut être également imposée au
maire de la commune centre des réquisitions.

57. — Les municipalités des communes où doivent cantonner des détachements d'animaux de
réquisition sont chargées de pourvoir elles-mêmes
à l'installation de ces détachements. En cas d'insuf-
fisance de locaux pour abriter les animaux, des
moyens d'attache devront être prévus. Des mesures
doivent être prises pour l'éclairage des écuries pour
le cas où des détachements arriveraient la nuit.

Le maire est prévenu à l'avance des effectifs à
cantonner et à nourrir au moyen d'un bulletin
d'avis de passage, établi dès le temps de paix, qui
lui est remis par la gendarmerie en même temps
que l'ordre de mobilisation.

Le maire est tenu de faire délivrer le fourrage
nécessaire à la nourriture des animaux en échange

d'un bon qui lui est remis par le chef du détachement. Il est de même pourvu, par voie de réquisition, si c'est nécessaire, à la nourriture des conducteurs. Cette obligation rentre d'ailleurs dans
celles qui incombent à la population du fait de la
publication de l'ordre de mobilisation : le droit de
réquisition s'ouvre de lui-même.

Dans les villes de garnison, les dispositions relatives aux détachements de passage sont prises à la
diligence des commandants d'armes.

58. — Les opérations de la réquisition terminées,
le commandant du bureau de recrutement établit au
moyen des tableaux du classement et de la réquisition, pour tous les propriétaires intéressés, des
états de paiement distincts pour les voitures, pour
les harnais, pour les animaux requis (¹). Ces pièces
sont adressées au maire qui en vérifie l'exactitude
au moyen des renseignements pris par lui, au moment de la réquisition, sur l'exemplaire du tableau
de classement et de la réquisition dont il était porteur, ou en interrogeant les propriétaires intéressés détenteurs de bulletins de réquisition. Il les
signe et les renvoie au commandant du bureau de
recrutement. Des mandats sont ensuite établis par
le fonctionnaire de l'intendance, au nom du rece-

(¹) D'après le décret du 2 août 1877, art. 102, il appar-
tiendrait aux maires d'établir les états de paiement. Il a
paru préférable de les débarrasser de ce travail qu'ils ne
seraient pas toujours en mesure d'établir avec l'exactitude
nécessaire.

veur municipal qui effectue le paiement aux divers
intéressés.

59. — La réquisition des automobiles ne donne
pas lieu à convocation par voie d'affiches.

Les propriétaires sont convoqués devant la commission de réquisition au moyen d'ordres individuels remis au maire par la gendarmerie. Le maire
est tenu de faire parvenir, sans délai, ces ordres
de convocation. Les intéressés sont d'ailleurs avi-
sés, dès le temps de paix, des obligations qui leur
incomberont à la mobilisation.

Doivent être présentées à la commission de réquisition, outre les voitures classées dont les propriétaires sont convoqués par ordres individuels,
celles qui, pour un motif quelconque n'auraient pas
été déclarées au recensement ni présentées au dernier classement.

Le maire rappelle aux propriétaires les pénalités
auxquelles s'exposeraient ceux qui ne feraient pas
conduire leurs voitures aux jour et heure fixés et
au point indiqué par l'autorité militaire sans pouvoir invoquer un motif légitime admis par la commission.

Les municipalités des communes où doivent cantonner des groupes d'automobiles de réquisition
sont prévenues à l'avance des effectifs à cantonner
et des quantités approximatives de combustible à
fournir, au moyen de bulletins d'avis de passage

remis aux maires par la gendarmerie en même temps que l'ordre de mobilisation.

§ 4. — *RÉQUISITIONS*

60. — Dès l'ordre de mobilisation, les maires peuvent avoir à répondre à des réquisitions et doivent s'attacher à y donner satisfaction rapide et complète. Ces réquisitions doivent toujours être adressées par écrit et signées. Elles peuvent porter sur tout ce qui est nécessaire aux troupes : les autorités militaires sont seules juges de la nécessité de leurs demandes ; la loi n'a prévu aucune restriction comme nature d'objets, elle n'en a indiqué que pour les quantités. Si le maire estime que la réquisition dépasse les quantités indiquées par la loi ([1]), il en fait l'observation à l'officier ; dans le cas où celui-ci maintiendrait sa demande, le maire doit y obtempérer autant que possible, et adresser ensuite une réclamation au général en chef.

61. — Les réquisitions peuvent se diviser en deux catégories :

1° Le logement ou le cantonnement ;

2° Les réquisitions diverses, soit de fournitures.

([1]) Ces quantités sont fixées par l'article 38 du règlement d'administration publique du 2 août 1877, rendu pour l'exécution de la loi du 3 juillet précédent.

soit de moyens de transport, soit d'usines ou d'ateliers ([1]).

Il y a entre les réquisitions que le maire transmet ainsi à la population et celles qu'il a le droit
d'adresser de lui-même aux habitants pour prêter
secours, cette différence que la non-exécution des
réquisitions prescrites par le maire pour le compte
de l'autorité militaire est punie des peines très sévères édictées par la loi du 3 juillet 1877, — tandis
que la non-exécution des réquisitions émanant directement du maire (et qui ne peuvent porter, d'ailleurs, que sur des services personnels à exécuter,
des travaux à faire, des secours à prêter) n'est
punie que par l'article 475, 12°, du Code pénal, de
6 à 10 francs d'amende, et d'un emprisonnement
de cinq jours en cas de récidive.

62. — En vue de faciliter le cantonnement, le
maire pourrait utilement faire préparer des planchettes sur lesquelles on collerait une feuille de papier portant, *avec le cachet de la mairie et la signature du maire*, la copie de l'état du nombre
d'hommes et de chevaux qu'il est possible de cantonner dans chaque maison (modèle n° 8).

Une inscription à la craie ne serait pas suffi-
sante : il serait trop facile aux habitants de la mo-

([1]) La réquisition des établissements industriels et des
marchandises dans les entrepôts et magasins généraux, etc.
(Loi du 23 juillet 1911) est adressée directement par l'autorité militaire sans le concours du maire.

4

difier. Des planchettes offrent en outre l'avantage
de pouvoir être enlevées et détruites rapidement si
le village venait à être menacé d'une occupation
ennemie. Les maires doivent, on ne saurait trop le
répéter, se pénétrer et pénétrer leurs concitoyens de
la nécessité de faciliter par tous les moyens l'installation de nos troupes en marche ou en opération,
de diminuer les fatigues des officiers et des soldats.

63. — Dès que des troupes sont signalées, le
maire doit se rendre à la mairie, appeler le secrétaire et, en prévision des réquisitions qui pourraient lui être adressées, la commission spéciale
(Voir n° 67). Si on se conformait aux règles applicables en temps de grandes manœuvres et surtout
pour des détachements peu nombreux, le maire devrait faire préparer des billets de logement; mais,
en cas de mobilisation générale, ce serait là une
mesure inutile; le mieux est de laisser les autorités
militaires indiquer, d'après l'état des ressources de
la commune, la partie qu'elles occuperont : le plus
souvent ce sera toute la commune. La répartition
doit se faire par leurs soins, en se conformant aux
indications de l'état des logements; c'est précisé-
ment pour cela et en vue d'éviter les contestations
que des planchettes seraient particulièrement utiles.

Dès que le maire a reçu notification de l'occupation de la commune, il avertit les habitants par voie
de publication. Il s'occupe de faire ouvrir les do-
miciles des absents dont il a dû faire établir la liste

(Voir n° 17). Il doit assister personnellement à l'ouverture des portes, ou s'y faire représenter par l'adjoint ou un conseiller municipal, et, s'il est possible, constituer un gardien pris parmi les voisins (¹).

64. — Ces mesures prises, le maire reste à la mairie pour recevoir les réclamations des militaires et des habitants.

Nous ne saurions entrer dans le détail des difficultés qui peuvent se présenter, et qui ne sont pas à craindre si la troupe constate de la bonne volonté chez les habitants. Nous nous contenterons de rappeler que les questions un peu délicates de logement ne se présentent guère à propos de cantonnement.

Les seules personnes en faveur desquelles une réserve est faite (²) sont : 1° les détenteurs de caisses publiques, lorsqu'elles sont déposées dans leur domicile; 2° les veuves et filles vivant seules (³), les communautés religieuses de femmes; 3° les officiers et fonctionnaires militaires logés à leurs frais dans leur garnison ou résidence.

(¹) Les maires et secrétaires de mairie doivent observer la plus grande discrétion avant l'arrivée des troupes et en particulier se garder de divulguer les numéros des régiments qu'ils attendent. Dans leurs communications obligatoires aux habitants ils doivent se borner à indiquer le chiffre global des hommes et des chevaux attendus.

(²) Décret du 23 novembre 1886 modifiant l'article 23 du décret du 2 août 1877.

(³) Les écoles maternelles, les écoles de filles et les écoles mixtes dirigées par des institutrices sont rangées dans cette catégorie. (Circulaire du ministre de la Guerre du 15 février 1910.)

La faveur qui leur est accordée consiste dans le droit de fournir seulement le cantonnement :

1° Pour les habitants désignés aux n°ˢ 1 et 2 dans les dépendances de leur domicile qui peuvent être complètement séparées des locaux habités par eux ;

2° Pour les officiers désignés au n° 3, dans les portions de leur logement excédant la proportion de celui affecté à leur grade ou à leur emploi.

Nul ne peut envoyer les militaires loger hors de chez lui, le cantonnement étant la prise de possession de toutes les ressources du village.

65. — A l'arrivée des troupes, le maire doit, si une partie est cantonnée hors de l'agglomération, faire accompagner par des guides, le garde champêtre, par exemple, les détachements qui seraient envoyés dans des fermes ou des hameaux isolés.

66. — Le maire reçoit les réclamations des habitants au sujet des dégâts qui auraient pu être commis ; il les fait constater, s'il est possible, par le commandant des troupes ou son délégué, ou, si les troupes sont parties, il se rend sur les lieux et dresse procès-verbal. Dans les chefs-lieux de canton, ce soin n'appartient pas au maire, mais au juge de paix, à qui le maire doit transmettre immédiatement la réclamation si les troupes ont quitté le village ; les réclamations, d'ailleurs, pour être valables, doivent être présentées à la mairie, au plus tard, dans les trois heures qui suivent le départ des troupes.

67. — Pour les réquisitions autres que le logement et le cantonnement, les mesures à prendre sont un peu plus compliquées.

Dès qu'une réquisition est remise au maire, celui-ci réunit, en vue de la répartition des prestations demandées, une commission composée de quatre membres du conseil municipal appelés dans l'ordre du tableau.

Le maire peut, s'il y a urgence, commencer à opérer avec une commission incomplète et même sans commission. Les avis de celle-ci sont en effet purement consultatifs; le maire n'est nullement lié par eux, mais il trouve l'avantage, en les suivant, de couvrir sa responsabilité vis-à-vis des habitants.

68. — Après avoir consulté la commission, le maire décide s'il répartira les réquisitions entre les habitants ou si la commune y pourvoira directement en achetant les prestations requises.

Dans le premier cas, il fixe, après avis de la commission, et en se servant de l'état qu'il a dressé préalablement (Voir n° 18), pour chaque habitant, les quantités à fournir, et établit pour chacun d'eux un bon de réquisition (modèle n° 9) ; ces bons sont distribués par les soins des agents municipaux ou des citoyens voisins de la mairie; chaque habitant doit immédiatement apporter à la mairie les objets requis. Reçu est donné par le maire (modèle n° 10).

Nul ne pourrait en ce cas exiger un timbre de 10 centimes : quoique cette observation paraisse peu sérieuse, nous avons tenu à la présenter pour signaler aux maires la réponse à faire à certains esprits mécontents; la loi du 13 août 1878, a dispensé du timbre tous les actes faits en exécution de la loi du 3 juillet 1877 sur les réquisitions militaires.

69. — Le maire remet à l'officier l'ensemble de la réquisition : le reçu qui lui est délivré (¹) servira plus tard de pièce comptable à l'appui des réclamations de la commune.

Il peut arriver que dans certains cas, par exemple pour des fournitures de vivres et de fourrages dans un hameau éloigné, il y ait avantage à faire des livraisons directes à la troupe : dans ce cas, l'officier donne un reçu aux habitants; ceux-ci l'apportent au maire, qui délivre en échange un reçu au nom de la commune (²).

_____

(1) Tout officier qui refuserait de donner un reçu pour les réquisitions qui lui ont été livrées doit être immédiatement signalé au commandant en chef : il est passible d'un emprisonnement de six jours à cinq ans (art. 22 de la loi du 3 juillet 1877).

(2) Il peut se faire que les réquisitions aient pour but l'approvisionnement de troupes cantonnées hors du territoire de la commune. Dans ce cas les objets réquisitionnés devant être livrés dans la commune même, l'officier devra établir un bon de réquisition spécial pour les moyens de transport nécessaires.

70. — Les habitants absents ne sont pas pour cela dispensés de livrer les approvisionnements qui pourraient se trouver chez eux : le maire, dans ce cas, se rend à leur domicile, requiert deux témoins, fait ouvrir les portes et constate, par un procès-verbal signé de lui et des témoins, la prise de possession des fournitures nécessaires : il referme les portes et les scelle du cachet de la mairie.

71. — Le maire, aussitôt la réquisition ordonnée et annoncée, ou, s'il est retenu à la mairie, un conseiller municipal, doit parcourir la commune pour engager les habitants à effectuer le plus vite possible les livraisons. Il leur rappelle que l'autorité militaire est investie du droit de s'en emparer de vive force; qu'en outre ils s'exposeraient, en cas de refus, à une pénalité dont l'importance serait du double de la valeur de la réquisition.

Si, à l'heure indiquée, et malgré ces efforts, la livraison n'est pas faite, le maire communique les noms des retardataires et l'indication des quantités à fournir par eux à l'autorité militaire, qui procède à la prise de possession par la force, s'il est nécessaire; il dresse en outre procès-verbal du refus et transmet cette pièce à l'autorité judiciaire.

72. — Dans le cas où le maire juge, après avoir consulté la commission, un achat direct au compte de la commune plus rapide, plus avantageux pour ses concitoyens, il appelle les habitants en mesure de faire la fourniture, cherche à obtenir d'eux les meilleures conditions, au besoin envoie chercher les fournitures requises, par moyens de transports rapides, dans les communes voisines. Le reçu qui lui est délivré par l'autorité militaire servira de justification aux réclamations de la commune (¹).

73. — S'il y a réquisition de la nourriture, ce qui peut se présenter pour des troupes arrivant très tard au cantonnement, le maire doit, aussitôt la réquisition remise, la faire publier dans le village et parcourir celui-ci personnellement, envoyer des conseillers municipaux, des membres de la commission de réquisition, pour régler les petites difficultés qui pourraient se soulever, engager les habitants à partager leur nourriture avec leurs compatriotes de passage, leur rappeler que cette nourriture leur sera payée, veiller avec les officiers pour que les militaires ne réclament pas plus que la nourriture *journalière en usage dans le pays.*

74. — En dehors des réquisitions de nourriture journalière, l'armée peut réquisitionner des vivres, des fourrages; dans ce cas, le maire doit demander

---

(¹) Le payement des fournitures se fait alors de la manière suivante : le maire convoque le conseil municipal pour l'inscription au budget de cette dépense par application des articles 146 de la loi du 5 avril 1884, et 20 de la loi du 3 juillet 1877. Le conseil inscrit en recette une somme égale sous le titre : Remboursement par l'Etat des réquisitions directement fournies par la commune.

à l'officier l'inscription sur le bon du nombre des rations à fournir et de la quotité de la ration régle-mentaire. Si les quantités requises dépassaient les ressources de la commune, le maire devrait faire remarquer à l'officier que cette réquisition est contraire à l'article 19 de la loi du 3 juillet 1877. Si l'officier persiste, le maire lui remet une protestation par écrit, et, après avoir fourni les quantités dont il est possible de disposer, en se conformant aux prescriptions de l'article 38 du décret du 2 août 1877 (1), le laisse libre d'exercer les réquisitions directement sous sa propre responsabilité. Il envoie immédiatement dans les communes voisines pour acheter les approvisionnements nécessaires aux habitants; ces achats faits au compte de la commune sont distribués aux habitants en compensation des quantités livrées en excédent. Note spéciale est tenue de ces achats pour être présentée à l'appui d'une demande de remboursement.

75. — Des réquisitions de guides. de voi-

---

(1) L'article 38 du décret du 2 août 1877 classe comme ne pouvant être réquisitionnés :

1° Les vivres destinés à l'alimentation d'une famille et ne dépassant pas la consommation pendant trois jours ;

2° Le grain ou autres denrées alimentaires qui se trouvent dans un établissement agricole, industriel ou autre, et ne dépassant pas la consommation de huit jours.

3° Les fourrages qui se trouvent chez un cultivateur, et ne dépassant pas la consommation de ses bestiaux pendant quinze jours.

Toutes les quantités en excédent peuvent être réquisitionnées.

tures, etc., peuvent être faites à une commune; le maire, après avis de la commission, désigne les hommes qui lui paraissent le plus aptes à remplir ces fonctions temporaires. Nul n'a le droit de refuser ce service prévu par l'article 5, — 7°, de la loi du 3 juillet 1877.

Avant de les expédier, le maire leur rappelle, d'une part, qu'ils ont droit à un salaire journalier qui leur sera payé au retour, à la nourriture et au logement; d'autre part, qu'ils s'exposeraient, en cas d'abandon des troupes ou des convois, à passer en conseil de guerre; que la peine qui pourrait être prononcée contre eux serait de six jours à cinq ans d'emprisonnement. La même peine s'appliquerait au fait de ne pas partir une fois requis.

76. — S'il y a réquisition de chevaux, voitures ou harnais, pour un déplacement de plus de cinq jours, d'outils, machines, embarcations, pour plus de huit jours, une estimation contradictoire est faite par l'officier requérant et par le maire; cette estimation est établie par écrit, en double expédition, dont une est gardée par l'officier et l'autre reste entre les mains du maire qui a délivré au propriétaire un bon de réquisition. Si l'officier refusait de faire cette estimation, le maire constaterait le refus et inscrirait sur le procès-verbal son estimation.

Au moment où les moyens de transport, outils, etc., sont rendus, le propriétaire a le droit,

même s'il n'y a pas eu expertise préalable, de faire
constater par un procès-verbal du juge de paix au
chef-lieu de canton, du maire dans les autres communes, l'état dans lequel se fait la remise.

77. — Les maires peuvent être appelés à constater les accidents survenus aux animaux et les dégâts subis par le matériel requis, quand ils traver-
sent leur commune. Cette constatation ne se fait
qu'à défaut d'un juge de paix et si l'officier, chef
du détachement, refuse de délivrer un certificat
constatant le dommage ainsi que ses causes. Le
maire ne peut, sous peine de dommages-intérêts,
refuser de faire cette constatation; il doit d'ailleurs
y insérer, avec les déclarations qui lui sont faites,
son appréciation personnelle sur les causes et l'importance du dégât.

78. — Après chaque série de réquisitions — ou,
si les troupes restent quelque temps dans la commune, — à des intervalles assez rapprochés, toutes
les semaines, par exemple, le maire dresse, sur
les formules délivrées par l'autorité militaire, un
état des réquisitions faites dans la commune; cet
état indique pour chaque habitant et pour la commune elle-même (dans le cas de fournitures collectives), les fournitures effectuées et les sommes ré-
clamées; le maire y joint un avis personnel sur les
prix des objets livrés et y annexe :

1° Une copie certifiée par lui des ordres de réquisition ;

2° Les reçus de l'autorité militaire ;

3° Les certificats d'exécution des services requis ;

4° Les procès-verbaux de dégâts ou d'estimation, s'il y a lieu.

Il dresse en double expédition un bordereau de ces différentes pièces, en garde un pour lui et joint l'autre à l'envoi (¹).

79. — Dès que l'intendant militaire fait connaître les sommes qu'il a décidé d'offrir aux intéressés, le maire a vingt-quatre heures pour notifier à ceux-ci les décisions ; ces notifications doivent être faites aux intéressés personnellement, ou s'ils sont absents, à leur domicile. Le maire inscrit, sur l'état collectif qu'il a reçu de l'intendant, la date de la notification ; dans le cas où il n'y aurait personne au domicile pour le recevoir, avis est donné par lettre et mention de ce fait est inscrite sur l'état.

Le maire reçoit ensuite pendant quinze jours les déclarations qui lui sont adressées verbalement ou par écrit ; il les annote sur l'état et transmet au juge de paix les refus motivés qu'il a reçus, ainsi que celui de la commune au cas où elle n'accepterait pas l'offre faite pour des fournitures collec-

---

(¹) Ces états sont adressés à la commission d'évaluation départementale par l'intermédiaire du préfet. La commission les transmet, avec son avis, au fonctionnaire de l'intendance chargé de fixer les indemnités.

tives. A l'expiration de la quinzaine, il arrête les deux exemplaires de l'état collectif et renvoie l'un d'eux à l'intendant en y joignant un état des allocations devenues définitives par suite, soit d'acquiescement, soit de non-réclamations. Dès que le maire est prévenu de l'envoi des fonds au receveur municipal, il établit des mandats sur la caisse de celui-ci, portant la somme revenant à chaque habitant et invite ceux-ci à retirer contre reçu leurs mandats à la mairie. Toutes ces formalités se remplissent d'ailleurs très facilement au moyen des imprimés remis au maire par l'autorité militaire (¹).

§ 5. — POLICE DES ÉTRANGERS ET DU VAGABONDAGE

80. — Le maire rappelle au sous-préfet les avis qu'il lui a adressés au sujet des étrangers suspects ; il fait surveiller les individus qui lui paraissent pouvoir se livrer à l'espionnage et les signale à la gen-

---

(¹) Dans tous les cas qui viennent d'être examinés, le maire agit comme représentant les habitants de la commune auprès de l'autorité militaire qui exerce la réquisition.

Un rôle exactement inverse peut lui être confié, par application de la loi du 5 mars 1890, quand il s'agit de réunir, par réquisition, les approvisionnements nécessaires à la subsistance de la population civile des places fortes. Le décret du 3 juin 1890, rendu pour l'exécution de cette loi, classe en effet les maires parmi les autorités civiles auxquelles le gouverneur peut déléguer le droit de requérir.

Le maire délégué procède dans les mêmes formes que les officiers chargés d'un service analogue. Quand il agit dans la commune dont il est le maire, il adresse la réquisition à son suppléant légal.

darmerie. Il fait publier l'arrêté de police qu'il a
préparé (Voir nº 21) et qui donne au garde champêtre le droit, pour la durée de la guerre, d'amener
devant le maire, officier de police judiciaire, les
étrangers à la commune soupçonnés de vagabondage.

§ 6. — *SURVEILLANCE DES VOIES DE COMMUNICATION*

81. — Le service de surveillance des voies ferrées
entre en action dès la notification de l'ordre de mobilisation. Les maires remettent immédiatement aux
chefs de poste les brassards en toile bleue déposés
à la mairie. Ils apportent leur concours à ce service par l'exercice des attributions de police qui leur
appartiennent.

82. — Les maires reçoivent des chefs de poste ou
des chefs de section : 1° des ordres de réquisition
pour la nourriture des hommes; 2° des reçus des
prestations fournies.

C'est à eux que sont amenés les individus suspects arrêtés par les hommes chargés de la surveillance; ils les interrogent et décident s'il y a lieu de
les mettre en liberté ou de les envoyer à la brigade
de gendarmerie.

83. — Il peut arriver que des mouvements de
personnel ou de matériel doivent être exécutés par
voie d'eau; dans ce cas, c'est le maire qui est ap-

pelé, conformément aux instructions qu'il a reçues, à donner aux bateaux l'ordre de se garer ou même de reculer, de manière à assurer le service de l'Etat.

§ 7. — MESURES DIVERSES

84. — Le maire appelle aussitôt en fonctions les personnes qui doivent remplacer les employés de la mairie partis sous les drapeaux ; ceux-ci reçoivent un congé pour la durée de la guerre, et le maire nomme leurs remplaçants à *titre provisoire*. Il écrit de suite au sous-préfet pour le prévenir des vacances qui peuvent se produire dans le service de l'octroi, au conservateur des eaux et forêts pour les gardes des forêts communales. Il notifie au sous-préfet les nominations de gardes champêtres et agents de police à titre provisoire, en le priant de vouloir bien les commissionner d'urgence pour la durée de l'absence des titulaires.

85. — Le maire, investi de la police des marchés par les lois des 19-22 juillet 1791, et l'article 97, paragraphe 3, de la loi du 5 avril 1884, doit prendre les mesures nécessaires pour y assurer le bon ordre, la sécurité des personnes qui s'y présentent et la liberté de la circulation. Il fixe les heures de vente, le moment où les revendeurs sont admis, de manière à permettre aux militaires de s'approvisionner directement. Il interdit la vente des fruits verts, etc. Il rappelle aux débitants de denrées et de boissons

que la vente de produits falsifiés est punie très sé-
vèrement par la loi du 1er août 1905 (Voir modèle
n° 12).

86. — La gravité des circonstances doit faire sup-
primer toutes les réjouissances publiques, au moins
pendant la période de mobilisation et de concentration : les théâtres, les cafés-concerts, les bals doivent être immédiatement fermés par arrêté municipal, arrêté dont la légalité ne pourrait être con-
testée du moment où il s'applique à tous les établissements similaires. Il est, de même, nécessaire
de lutter énergiquement contre l'ivrognerie; aussi
le maire doit-il, par un arrêté, prescrire la fermeture de tous les cafés et débits de boissons à une
heure hâtive (Voir modèle n° 13). S'il y a déjà dans
le département un arrêté préfectoral réglant l'heure
de fermeture des débits, rien n'empêche le maire
d'adopter une heure moins avancée que celle indiquée par cet arrêté. Il semble qu'en fixant cette fermeture à 8 heures, le maire conciliera ses devoirs
par rapport à l'armée et les intérêts des débitants.

87. — Dans les communes où existent des arrêtés
de police relatifs à la prostitution, le maire doit
ordonner une visite immédiate de toutes les filles
inscrites, et veiller à l'inscription d'office sur les
registres de la police des filles signalées comme se
livrant à la prostitution clandestine.

Dans les communes où le service des visites sani-

taires n'est pas organisé, le maire devra promul-
guer, pour la durée de la guerre, l'arrêté spécial
dont la préparation a été indiquée au n° 29, puis
prendre des arrêtés individuels et les faire notifier
aux femmes qui lui sont spécialement indiquées, en
les informant qu'elles doivent dorénavant se présenter aux visites sanitaires.

88. — Le maire doit exercer une surveillance sur
les journaux qui se publient dans la commune, s'assurer que le dépôt prévu par la loi du 29 juillet
1881 (art. 3 et 10) de six exemplaires à la mairie (¹)
(là où il n'existe ni sous-préfecture ni tribunal de
1ʳᵉ instance), s'effectue au moment où le journal
est mis en vente.

Il doit lire les journaux ainsi déposés à la mairie
et prévenir immédiatement l'autorité militaire ou le
parquet des nouvelles qu'ils contiendraient et qui
pourraient, soit offrir de l'intérêt pour l'armée, soit
provoquer dans la population une émotion à laquelle
il importerait de couper court par une rectification.

Le maire a le droit d'interdire aux crieurs publics
d'annoncer les journaux autrement que par leur
titre; ce droit avait été contesté depuis la loi du
29 juillet 1881, mais la loi du 19 mars 1889 a ré-

---

(1) 2 exemplaires pour le parquet ; — 2 pour la sous-préfecture ; — 2 pour les collections nationales.
Le maire doit délivrer des récépissés des exemplaires des
imprimés déposés en exécution de la loi du 29 juillet 1881
(Circ. min. int. 29 novembre 1902).

tabli l'ancien état de choses et tranché la question
dans le sens de l'affirmative (Voir modèle n° 15).

89. — Quant à l'affichage, toutes les dispositions
anciennes ont été abrogées par la loi de 1881 ; le
maire ne peut qu'empêcher de placarder : 1° des
affiches blanches ; 2° des affiches particulières sur
les emplacements réservés aux actes de l'autorité.
Dans ces deux cas seulement, il a le droit de faire
lacérer les affiches. Mais il ne doit pas moins, quand
il relève sur des affiches particulières des indications pouvant motiver une poursuite ou un démenti,
signaler télégraphiquement ces faits au sous-préfet
ou au parquet (¹).

Ces différentes mesures à prendre, en ce qui concerne la presse, l'affichage, etc., ne peuvent d'ailleurs guère soulever de difficultés dans les parties
menacées du territoire, car il est probable que l'état
de siège y sera prononcé aussitôt l'ordre de mobilisation lancé (Voir n° 97) (²).

90. — Le maire doit surveiller, et au besoin arrêter les mouvements de pigeons voyageurs autres

---

(¹) Le juge d'instruction sur réquisition du parquet, ou
le préfet en vertu des pouvoirs qu'il tient de l'article 10
du Code d'instruction criminelle, peut télégraphier au
maire de *saisir* les affiches. La saisie implique naturellement *l'enlèvement* de l'affiche.

(²) Nous rappelons à ce sujet que la loi sur l'affichage n'a
pas modifié le droit que le maire tient de l'art. 3 titre XI de
la loi du 16-24 avril 1790 et 46 de la loi du 19-22 juillet 1791
en ce qui concerne l'exhibition des drapeaux.

que ceux prescrits par l'autorité militaire, tant comme importation que comme exportation.

Il doit recommander que tout pigeon voyageur recueilli sur le territoire de la commune soit apporté à la mairie, et envoyer à l'autorité militaire la plus voisine les pigeons qui seraient dans ces conditions, *sans déranger, en quoi que ce soit, leur plumage et les dépêches dont ils sont porteurs.*

Il doit défendre de tirer sur les pigeons voyageurs (Voir modèle n° 14).

91. — Il peut y avoir un certain intérêt, pendant cette période critique, à empêcher les sonneries des cloches. Le maire peut, en se basant sur la nécessité de maintenir l'ordre et la tranquillité, interdire les sonneries religieuses *pour une durée limitée.*

§ 8. — TROUPES DE PASSAGE DANS LES GARES

92. — Les convois militaires s'arrêteront dans les gares, soit pour les arrêts réguliers des trains, soit pour le service des haltes-repas. Les maires rappelleront à leurs concitoyens qu'il est indispensable de ne pas porter aux troupes des boissons alcooliques; qu'il pourrait en résulter de sérieuses complications; que les seuls dons qui peuvent être faits utilement aux troupes de passage sont du tabac et des cigares.

§ 9. — *DISPOSITIONS SPÉCIALES AUX COMMUNES DE LA ZONE FRONTIÈRE*

93. — Dans les communes situées près de la frontière et exposées aux incursions de la cavalerie ennemie, des mesures particulières doivent être prises dès l'arrivée de l'ordre de mobilisation. Les armes détenues à titre de prêt pour les sociétés de tir ou de préparation militaire doivent être immédiatement reversées aux établissements d'artillerie qui les ont livrées.

94. — Pour les bestiaux et les denrées, il y aura lieu évidemment en général de les évacuer sur l'intérieur ; mais cette mesure ne doit pas être ordonnée par le maire avant qu'il ait reçu des instructions spéciales, une pareille décision pouvant être en opposition avec les projets de l'autorité militaire.

95. — Quant aux archives municipales, leur conservation ne présente aucun danger ; elles sont sans intérêt pour l'ennemi : le cadastre, les registres de l'état civil, les titres de propriété, les budgets, les comptes, les listes même du recrutement sont des documents que l'ennemi ne pourrait utiliser. Cependant il paraît utile d'expédier sur le chef-lieu de la sous-préfecture pour éviter les chances de destruction :

1° Les titres de propriété de la commune ;

2° Le registre des délibérations du conseil municipal ;

3° Les comptes;

4° Les listes électorales;

5° Les plans des chemins vicinaux et ruraux.

§ 10. — CONSÉQUENCES DE LA DÉCLARATION DE L'ÉTAT DE SIÈGE

96. — L'état de siège est déclaré par une loi — ou par un décret, dans les cas prévus aux articles 2, 3 et 4 de la loi du 3 avril 1878.

Dès qu'il est proclamé, les maires n'exercent plus leurs pouvoirs pour le maintien de l'ordre et la police que conformément aux prescriptions de l'autorité militaire. Ils ne peuvent plus prendre d'arrêtés de police que dans la limite des décisions arrêtées par les officiers commandant l'état de siège.

Ils doivent prêter tout leur concours à ces officiers.

97. — L'article 9 de la loi du 9 août 1849 n'ayant pas été abrogé, les dispositions nouvelles des lois sur la presse et sur les réunions publiques cessent d'être applicables. L'autorité militaire a le droit de prendre à ce sujet toutes les mesures qui lui paraissent nécessaires, d'interdire les publications et les réunions qu'elle juge de nature à produire du désordre.

§ 11. — DISPOSITIONS SPÉCIALES AUX PLACES DE GUERRE

98. — Il y a lieu de distinguer bien nettement l'état de guerre qui ne s'applique qu'aux places de guerre, ou aux postes fortifiés classés comme tels par la loi, et l'état de siège qui s'étend à toute une partie du territoire.

Dès que l'ordre de mobilisation générale est publié, l'état de guerre existe *ipso facto*. A partir de ce moment, l'autorité civile ne peut rendre aucune ordonnance de police, même à titre provisoire, dans l'étendue de 10 kilomètres à partir des ouvrages les plus avancés, sans s'être entendue avec le gouverneur; elle doit, en outre, prendre tous les arrêtés que celui-ci juge nécessaires à la sûreté de la place.

Le maire est appelé à faire partie du comité de surveillance des approvisionnements de siège.

99. — L'état de siège est établi dans les places de guerre dans les conditions indiquées plus haut (n° 96); mais il peut en outre être déclaré par le commandant militaire, dans certains cas prévus par la loi du 10 juillet 1791, et le décret du 24 décembre 1811, notamment si une sédition intérieure paraissait de nature à compromettre la sécurité de la place.

La déclaration de l'état de siège s'applique non seulement à la place, mais encore jusqu'à une distance de 10 kilomètres en avant des ouvrages les plus avancés. En cas d'investissement, elle s'étend à toute la zone investie.

Les conséquences de l'état de siège sont les mêmes dans une place de guerre que sur tout territoire pour lequel cette déclaration a été faite (Voir n°ˢ 96 et 97). Le maire doit prêter tout son concours à l'autorité militaire pour prolonger la résistance et inspirer aux habitants les sentiments de courage et de sacrifice qui doivent les animer dans ces graves circonstances.

CHAPITRE IV

PÉRIODE DE GUERRE

§ Iᵉʳ. — MESURES GÉNÉRALES

100. — Pendant cette période, le maire doit continuer à veiller aux mesures que nous avons passées en revue pour la période précédente, en particulier à la surveillance des voies ferrées (nº 81), des pigeons voyageurs (nº 91), des étrangers et des espions (nº 80), des journaux et des crieurs publics (nº 88), aux dispositions à prendre pour faciliter le logement et l'approvisionnement des troupes françaises de passage (nºˢ 60 à 79).

101. — En ce qui concerne les troupes ennemies qui peuvent se présenter sur le territoire de la commune, le maire prend les dispositions prévues aux numéros 93 à 95 pour les communes frontières pendant la période de mobilisation et de concentration.

102. — Les troupes ennemies ne manqueraient pas d'adresser des réquisitions de logement, de nourriture, d'approvisionnement. Il est nécessaire de rappeler que les lois et règlements français ne sont nullement applicables en ce cas. Le maire, s'il croit devoir obéir à ces réquisitions, les répartir, chercher ainsi à réduire autant que possible les charges à supporter par la collectivité des habitants, les dangers qui les menacent, agit comme administrateur des intérêts communs et non comme représentant du Gouvernement; les actes qu'il fait ainsi sont des mesures d'urgence qu'il a le droit de prendre, parce qu'elles sont nécessitées par une situation que la loi municipale n'a ni prévue, ni réglée (¹).

Le principe qui a été nettement posé à ce sujet par la Cour de cassation à la suite de la guerre de 1870-71, c'est que les charges imposées par l'ennemi dans une commune sont des charges collectives, devant être réparties entre tous les habitants et non pas supportées par celui qui est personnellement requis, soit directement par l'ennemi, soit par l'intermédiaire du maire.

S'il s'agit de réquisitions pouvant être réparties équitablement entre tous, comme le logement ou la nourriture, le maire peut y procéder directement, en s'appuyant autant que possible sur l'avis du conseil municipal; s'il s'agit au contraire d'approvisionnements à livrer, de réquisitions ne pouvant s'adresser qu'à certains commerçants (du logement d'officiers, par exemple, chez un hôtelier), la réquisition a lieu pour acquitter une charge communale

(¹) Arrêt de la Cour de cassation du 13 mai 1873.

et doit être remboursée plus tard par le budget communal.

103. — Les ennemis peuvent également réclamer des otages. Les théories du droit des gens, en particulier celles des auteurs allemands, tendaient à considérer ce droit comme disparu ; mais l'exemple donné par nos ennemis pendant la guerre de 1870-71 montre qu'ils n'y ont pas renoncé dans la pratique. En pareil cas, si un maire était appelé par l'ennemi à désigner des otages, il devrait naturellement se récuser et laisser cette désignation aux officiers commandant les troupes d'invasion.

§ 2. — *MESURES A PRENDRE EN ARRIÈRE DE L'ARMÉE*

104. — Lorsque l'armée a commencé à opérer et que le village se trouve en arrière du service de la prévôté, certaines obligations incombent au maire, en ce qui concerne les traînards, les fugitifs, les déserteurs, le service des blessés. Les convois réguliers d'évacuation doivent être, de sa part, l'objet de soins particuliers ; en dehors du logement fourni sur réquisition du commandant de l'escorte du convoi, le maire doit, dès qu'il est prévenu, avertir les groupes des sociétés de secours aux blessés qui se trouvent dans la commune et chercher à réunir des secours, des aliments spéciaux pour les malades.

105. — Il peut se faire exceptionnellement que des blessés légers soient expédiés isolément, voyageant librement sur les routes ; le maire doit, dans ce cas, vérifier s'ils sont porteurs d'une feuille de route, assurer leur coucher, se préoccuper de leur nourriture. Si un blessé, voyageant isolément ou en convoi, se trouve dans l'impossibilité de continuer sa route, le maire doit le faire entrer dans l'hospice civil, ou, s'il ne voit pas la possibilité, dans le village, de lui donner les soins que réclame son état, — par suite de l'absence de tout médecin, par exemple, — requérir une voiture et le faire conduire à l'hospice le plus voisin. Dès l'entrée du malade à l'hôpital, il est tenu compte du nombre de journées d'hospitalisation pour que la dépense puisse être, à la fin de la guerre, réglée par l'Etat.

106. — Dans les localités où des hôpitaux auxiliaires du territoire de l'Union des femmes de France ou d'une autre société de secours aux blessés sont constitués, ces ambulances relèvent de l'autorité militaire et non de l'autorité municipale. Ce sont les autorités militaires qui désignent les hommes qu'elles doivent recevoir, ce sont les médecins des ambulances qui délivrent les exeat et informent de la sortie du blessé le maire qui lui remet un sauf-conduit conforme au modèle n° 17.

107. — En dehors des hommes blessés munis d'une feuille de route, ou trouvés dans la localité

réellement malades et pour lesquels le maire doit
prendre les mesures que nous venons de signaler,
les autres militaires isolés que l'on rencontre en
arrière de l'armée sont des fuyards, des déserteurs.
Le maire a le droit de les faire arrêter et de les
livrer à la gendarmerie; pour appliquer utilement
cette mesure, il doit donner ordre au garde champêtre de lui amener tous les hommes valides ren-
contrés sur le territoire de la commune; il les in-
terrogera, constatera leur situation militaire et au
besoin fera procéder immédiatement à leur arrestation.

108. — Dans le cas où les hostilités se rappro-
cheraient de la commune, le maire devrait inviter
les habitants à envoyer dans l'intérieur, les femmes,
les enfants, les vieillards. Il peut réquisitionner
pour cela toutes les voitures disponibles du village.
Il invite les hommes valides restant sur place à se
joindre aux sapeurs-pompiers pour préparer les
approvisionnements d'eau en vue d'éteindre les incendies (Voir modèle n° 16).

109. — Dès que la commune est dans le rayon des
hostilités, le maire doit réunir d'urgence le conseil
municipal et organiser avec ses collègues un tour
de roulement de manière à ce qu'il y ait à la mairie,
jour et nuit, un représentant de la municipalité.

110. — Le maire doit prêter tout son concours

aux médecins militaires pour l'établissement des
ambulances et notamment pour la réquisition des
locaux et du matériel de complément qui pourraient
être nécessaires. Les services organisés par les sociétés de secours aux blessés (Voir n°ˢ 8-106) sont
destinés à recevoir les blessés ou malades de passage ou évacués, mais seront toujours insuffisants
pour le cas d'un combat.

111. — Une fois le combat terminé, la plupart des
blessés sont évacués, mais il en restera toujours
un certain nombre intransportables; c'est précisé-
ment en vue de ces blessés qu'il y a le plus grand
intérêt à établir, dans les villages des régions pouvant servir de champ de bataille, des sections des
sociétés de secours aux blessés, se substituant aux
ambulances militaires une fois que l'armée a quitté
le terrain pour poursuivre l'ennemi ou battre en
retraite.

Quand il s'agit de maladies contagieuses, les
médecins militaires s'assurent que les malades de
l'armée sont placés dans des bâtiments où ils puis-
sent être séparés de la population.

§ 3. — MESURES A PRENDRE APRÈS UN COMBAT

112. — C'est aux troupes elles-mêmes qu'il appartient d'inhumer leurs morts; mais il peut se faire
que les opérations entraînent l'armée française à
la poursuite rapide d'une armée ennemie qui aurait

envahi le territoire, ou même l'obligent à reculer.

Tant que l'une des armées occupe le champ de bataille, le maire doit se contenter de faire rechercher les blessés autour du village, de leur donner tous les soins que permettent les ressources de la localité et d'obéir aux prescriptions des autorités militaires. Mais, aussitôt que le champ de bataille est abandonné, quelques mesures spéciales doivent être prises par lui.

113. — Il doit, tout d'abord, faire relever les morts, rechercher les plaques d'identité, prendre note des décorations, bijoux, etc., trouvés sur les morts; faire procéder à l'inhumation soit séparément, soit, si le nombre des morts est trop grand, dans une fosse commune qu'il fait recouvrir de chaux.

Aucun texte légal n'autorise le maire à procéder à cette inhumation ailleurs que dans le cimetière communal. Toutefois, en raison de la salubrité publique, si le nombre des morts sur un point éloigné du cimetière exige leur enterrement sur place, le maire doit prendre un arrêté visant l'article 97 de la loi municipale et prescrivant l'occupation temporaire des terrains nécessaires pour l'inhumation. La question d'indemnité sera réglée plus tard s'il y a lieu. Les dépenses qu'entraînent ces inhumations sont supportées par le budget municipal (Déc. 23 prairial an XII, art. 26. — Déc. 13 juin 1811, art. 3-40).

Le maire dresse, au fur et à mesure, procès-verbal des décès en désignant chaque homme par les indications aussi complètes que possible de la plaque d'identité.

Il dresse un second procès-verbal constatant ce qui a été trouvé sur chaque mort, et forme pour chacun un paquet de ces objets qui est scellé du sceau de la mairie et conservé par lui jusqu'à ce qu'il puisse se rendre au chef-lieu d'arrondissement et déposer ces différents paquets, contre reçu, entre les mains du receveur particulier, seul représentant de la Caisse des dépôts et consignations.

114. — Le maire doit prendre toutes les mesures utiles pour empêcher l'arrivée sur le champ de bataille des dévaliseurs de morts et de blessés ; il fait surveiller les brocanteurs qui voudraient se livrer à cet odieux trafic.

115. — Les armes abandonnées sur le champ de bataille, les effets de grand équipement, les munitions sont réunis par les soins du maire, qui provoque des ordres de l'autorité militaire au sujet de la destination à leur donner. Le maire rappelle aux habitants qu'ils n'ont pas le droit de conserver les armes trouvées par eux, que toute infraction à cette prescription est punie, outre la confiscation des armes, d'une amende de 300 francs au maximum et d'un emprisonnement pouvant s'élever jusqu'à trois mois (1); qu'en cas de récidive, ces peines sont doublées.

---

(1) Ordonnance du 24 juillet 1816.

RÉSUMÉ

Nous venons de passer en revue les attributions nombreuses, considérables, qui incombent aux maires, du fait de la mobilisation générale. Dans les plus petites communes, comme dans les villes, les obligations sont les mêmes : sans doute, dans des agglomérations de cent ou deux cents habitants, situées loin des régions que parcourront nos armées pour se rendre des points de concentration à la frontière, il n'y aura guère à se préoccuper des questions de cantonnement, de réquisition; mais, là encore, le rôle du maire, au point de vue de la mobilisation, de la conscription des chevaux et voitures, etc., ne manquera pas d'importance.

Il convient d'ailleurs que, non seulement les maires, mais encore leurs adjoints, se pénètrent de la nécessité d'étudier d'avance les questions si diverses qui peuvent se soulever, les mesures qu'ils seront appelés personnellement à arrêter si une déclaration de guerre vient les surprendre.

Il faut surtout que chacun soit convaincu que tout, une fois la mobilisation générale décrétée, doit céder devant les besoins de l'armée, devant les exigences suprêmes du salut de la patrie; qu'il ait, comme nos pères au jour du danger, constamment présente à l'esprit cette maxime :

Salus patriæ suprema lex esto.

MODÈLES DIVERS

MODÈLE Nº 1

ARRÊTÉ DE POLICE RELATIF AUX MESURES D'ASSAINISSEMENT DES ÉCURIES, ETC.

Le maire de la commune de
Vu les articles 94 et 97 de la loi du 5 avril 1884 ;
— Vu les articles 471, paragraphe 15, et 474 du Code pénal ; — Vu les articles 3 et 30 de la loi du 21 juillet 1881 ;
Considérant qu'il est nécessaire de prendre des mesures en vue d'éviter les épizooties,

ARRÊTE :

Article premier. — *Il sera procédé dans un délai de   jours à l'assainissement de toutes les écuries du village.*

Les ruisseaux, rigoles et conduites d'écoulement des purins devront être lavés à grande eau.

On répandra sur le sol et dans les rigoles d'écoulement un liquide désinfectant. On peut employer utilement, dans ce but, soit du chlorure de zinc, du sulfate ou nitro-sulfate de zinc, de l'acide phénique à raison de 20 grammes par litre d'eau, soit, quand il s'agit de rigoles et de sols en terre, de l'acide sulfurique étendu d'eau dans les mêmes proportions (20 grammes d'acide par litre d'eau.)

Ces assainissements devront être terminés dans un délai de   jours.

Art. 2. — *Tout habitant qui ne se sera pas conformé aux prescriptions de l'article 1ᵉʳ, sera passible des pénalités prévues par les articles 471, paragraphe 15, et 474 du Code pénal.*

Art. 3. — *Toute personne ayant des animaux atteints ou soupçonnés atteints d'une maladie contagieuse, doit en faire, sur-le-champ, la déclaration à la mairie, à peine d'un emprisonnement de six jours à deux mois et d'une amende de 16 francs à 400 fr.*

Modèle n° 2

ARRÊTÉ DE POLICE RELATIF A LA SURVEILLANCE DES FONTAINES PUBLIQUES, ABREUVOIRS, ETC.

Le maire de la commune de...

Vu les articles 94 et 97 de la loi du 5 avril 1884 et les articles 471, paragraphe 15, et 474 du Code pénal ;

Considérant qu'il est indispensable, en raison de la mobilisation générale, de prendre des mesures en vue des passages de troupes,

Arrête :

Article premier. — *Il est interdit de déposer des immondices autour des fontaines publiques et d'y abreuver des animaux.*

Art. 2. — *Lorsque des troupes en route ou en station occuperont le village, les heures de puisage seront réglées par nous, après entente avec l'autorité militaire.*

Art. 3. — *Il est interdit de laver du linge ou d'envoyer des eaux sales, soit dans les abreuvoirs, soit dans les parties des ruisseaux d   situées au-dessus des abreuvoirs.*

Art. 4. — *Toute infraction au présent arrêté sera punie de 1 à 5 francs d'amende et, en cas de récidive, d'un emprisonnement pouvant s'élever à 3 jours.*

Art. 5. — *Les dispositions ci-dessus resteront en vigueur jusqu'à la fin de la période de mobilisation générale.*

MODÈLE Nᵒ 3

—

ARRÊTÉ DE POLICE RELATIF A L'ÉCLAIRAGE DES PLACES, ETC.

Le maire de la commune de
Vu les articles 95 et 97 de la loi du 5 avril 1884 ;
Vu les articles 471, paragraphe 15, 474 et 479 du Code pénal ;
Considérant qu'il est nécessaire de prendre des dispositions en vue d'assurer la sécurité publique et d'éviter les accidents pour les cas où des troupes sont de passage dans la commune,

Arrête :

Article premier. — *Les habitants sont invités à se munir de lanternes.*

Lorsque la commune sera occupée par des troupes de passage ou en station, une lanterne devra être placée à chaque porte cochère ou charretière, et allumée à partir de   heures du soir jusqu'à heures du matin. Une lanterne sera également placée sur chaque voiture, charrue et, en général, sur tous les objets laissés le soir sur la voie publique.

Art. 2. — *Toute infraction au présent arrêté sera passible de 1 à 5 francs d'amende et, en cas de récidive, d'un emprisonnement pouvant s'élever jusqu'à trois jours, sans préjudice des dispositions de l'article 479, paragraphe 2, du Code pénal, dans le cas*

où l'absence d'éclairage d'objets laissés sur la voie
publique aurait causé un accident.

Art. 3. — *Les dispositions ci-dessus relatives à l'é-
clairage des places et des rues cesseront d'être en vigueur dès la fin de la mobilisation générale.*

Modèle n° 4

—

AVIS RELATIF A LA MOBILISATION

Le maire de la commune de ₑ *rappelle à ses concitoyens que l'ordre de mobilisation qui vient d'être affiché, leur impose des devoirs auxquels leur patriotisme, comme leur intérêt, leur commandent de se soumettre immédiatement.*

Les militaires appartenant à l'armée active en permission doivent rejoindre immédiatement ; *ils seront traités comme déserteurs s'ils n'obéissent pas immédiatement à cet ordre. Les hommes en congé de* convalescence *ou en congé de* réforme temporaire *peuvent rester dans leurs foyers jusqu'à l'expiration de leur congé.*

Les hommes de la réserve, de l'armée territoriale et de la réserve de l'armée territoriale doivent se mettre en route de manière à arriver aux jour et heure indiqués soit par leurs livrets, soit par leurs ordres individuels d'appel. Les hommes qui viennent de recevoir des ordres individuels portant une indication différente de celle du livret doivent se conformer à ces ordres et non à leur livret.

Il est rappelé que les jours de mobilisation se comptent de minuit une minute à 11 heures 59 du soir sans aucune interruption résultant des dimanches ou jours fériés.

Il est recommandé à tout homme rejoignant les drapeaux, de se munir des vêtements militaires dont il est détenteur, et en outre de deux chemises, d'un caleçon, de deux mouchoirs, de bonnes chaussures brisées aux pieds. Celui qui apportera une paire de chaussures en bon état et d'un modèle analogue à celui du brodequin réglementaire sera remboursé de la valeur de cette chaussure.

Afin d'éviter toute perte de temps, il est utile qu'il se fasse couper les cheveux ras avant de partir.

Il doit emporter des vivres pour le nombre de jours indiqués sur son fascicule de mobilisation.

Les hommes rappelés seront déclarés insoumis s'ils ne se conforment pas aux mesures prescrites par l'ordre de route contenu dans leur livret ; ils seront, comme tels, punis de 2 à 5 ans de prison, puis de l'envoi aux compagnies de discipline ; leurs noms seront affichés, pendant la durée de la guerre, dans toutes les communes du canton.

Le fait d'engager un militaire à ne pas rejoindre immédiatement est puni d'un mois à un an de prison ; celui de cacher un insoumis, de l'employer à son service, d'un emprisonnement qui peut atteindre six mois, ou d'une amende de 50 à 500 francs.

Les militaires qui se trouveraient malades et se croiraient dans l'impossibilité de partir devront faire prévenir le maire dans la journée ; ils devront faire établir par le médecin un certificat constatant leur état de santé.

Les parents des militaires qui sont absents de la commune et qui n'ont pas fait une déclaration régulière d'absence à la gendarmerie sont invités à leur faire connaître la nécessité de rentrer immédiatement.

*Le maire de espère que ses conci-
toyens considéreront comme un honneur d'être rendus tous, à l'heure indiquée, aux points qui leur
sont assignés. La patrie est en danger : tous les
hommes valides partent à la frontière. La commune
s'efforcera de venir en aide aux familles des militaires appelés sous les drapeaux.*

EXTRAITS DES LOIS DU 18 MAI 1875 ET DU 21 MARS 1905.

**Loi du 18 mai 1875. Art. 230 du Code de justice
militaire.** — *Sont considérés comme insoumis et
punis d'un emprisonnement d'un mois à un an, les
engagés volontaires et les hommes appelés par la
loi qui, n'ayant pas déjà servi, ne se sont pas rendus
à leur destination, hors le cas de force majeure,
dans le mois qui suit le jour fixé par leur ordre de
route. Sont également considérés comme insoumis
et punis de la même peine, les hommes de la dispo-
nibilité et de la réserve de l'armée active, de l'armée
territoriale et de la réserve de cette armée, à quelque
catégorie qu'ils appartiennent, qui, ayant déjà servi
et étant appelés à l'activité par ordre individuel,
ne sont pas rendus à leur destination, hors le cas de
force majeure, dans les quinze jours qui suivent
celui fixé par les ordres de route. Les délais ci-dessus déterminés sont portés : 1° à deux mois pour les
hommes demeurant en Algérie et en Europe ; 2° à
six mois pour ceux demeurant dans tout autre pays.*
— En temps de guerre et en cas de mobilisation par
voie d'affiches et de publications sur la voie publique, les délais ci-dessus sont réduits à deux jours
pour les hommes dont il est parlé aux 1er et 2e para-

graphes du présent article et diminuent de moitié pour ceux que le 3ᵉ paragraphe concerne. — En cas de guerre, la peine est de deux à cinq ans d'emprisonnement sans préjudice des dispositions spéciales édictées par l'article 73 de la loi du 15 juillet 1889. *Conformément au dernier paragraphe de l'article 68 de cette même loi, les peines prononcées par le présent article pourront être modifiées par l'application de l'article 463 du Code pénal.*

Loi du 21 mars 1905. Art. 83. — *Les noms des insoumis sont affichés, pendant la durée de la mobilisation ou des opérations, dans toutes les communes du canton de leur domicile. Les insoumis qui sont condamnés sont, à l'expiration de leur peine, envoyés dans une compagnie de discipline.*

...Le temps pendant lequel les hommes visés par le présent article auront été insoumis ne comptera pas dans les années de service exigées.

Art. 84. — *Quiconque est reconnu coupable d'avoir sciemment recélé ou pris à son service un homme recherché pour insoumission ou d'avoir favorisé son évasion est puni d'un emprisonnement qui ne peut excéder six mois. Selon les circonstances, la peine peut être réduite à une amende de 50 à 500 francs.*

La même peine est prononcée contre ceux qui, par des manœuvres coupables, ont empêché ou retardé le départ des jeunes soldats.

Si le délit a été commis à l'aide d'un attroupement, la peine sera double. Si le délinquant est fonctionnaire public, employé du Gouvernement ou ministre d'un culte salarié par l'Etat, la peine peut

*être portée jusqu'à deux années d'emprisonnement,
et il est, en outre, condamné à une amende qui ne
pourra excéder 2.000 francs.*

*Sont exceptées des dispositions pénales prévues
par le présent article les personnes désignées dans
le dernier paragraphe de l'article 248 du Code pénal.*

MODÈLE N° 5

—

BONS DE RÉQUISITION POUR LES MALADES

RECTO. | VERSO.

Le maire de la commune de
requiert
de conduire en voiture à
l'hôpital de
le S[r]
militaire rappelé sous les
drapeaux qui se trouve
dans l'impossibilité de
continuer sa route.

Le   18

Le Maire de

(Signature.)

Le maire de la commune de
soussigné,
certifie que
le S[r]
militaire rappelé sous les
drapeaux, a été reconnu
par lui dans l'impossibilité de continuer sa route,
et qu'il l'a envoyé, en conséquence, à l'hôpital de

Le   18

Le Maire de

(Cachet de la Mairie.)

Modèle n° 6

AVIS RELATIF A LA RÉQUISITION DES CHEVAUX ET VOITURES

Le maire de la commune de

Vu l'ordre de mobilisation en date du   ,
et les instructions de l'autorité militaire ;

Vu les articles 45 et 51 de la loi du 3 juillet 1877
et l'article 92 du décret du 2 août 1877 ;

Rappelle à ses concitoyens les dispositions sui-
vantes relatives à la présentation des chevaux et
voitures (1) *devant la commission de réquisition.*

Les chevaux et voitures (1), *au sujet desquels les*
propriétaires se proposeraient d'adresser des récla-
mations, n'en doivent pas moins, sauf le cas d'impossibilité absolue, *être conduits au lieu de réquisi-*
tion. En cas d'impossibilité absolue, les habitants
devront informer immédiatement le maire.

Les chevaux doivent être présentés avec une fer-
rure en bon état, un bridon et un licol pourvu d'une
longe ; ceux de ces objets dont les animaux ne se-
raient pas pourvus seront achetés sur place et déduc-
tion de la valeur sera faite sur le prix de l'animal.

Les voitures seront attelées, les harnais seront
ceux examinés par la dernière commission de re-
censement. Il est indispensable de livrer les voitures
avec des bâches ; sans cela, le prix d'estimation se-
rait déprécié (1).

Toute personne qui ne se conformera pas à l'ordre
de réquisition sera déférée aux tribunaux et pourra

être frappée d'une amende égale à la moitié du prix d'achat fixé par la catégorie à laquelle appartiennent les animaux ou à la moitié du prix moyen d'acquisition des voitures ou harnais dans la région. La saisie des animaux et voitures peut être ordonnée immédiatement par le président de la commission. (Loi du 3 juillet 1877, art. 51.)

Pour éviter le désordre à l'arrivée à   *et activer les opérations, les conducteurs d'animaux et de voitures (¹) sont invités à se réunir sur la place de la commune le*   *à*   *heures. Un convoi sera formé et mis en marche à*   *heures.*

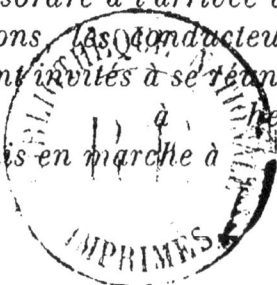

(¹) La réquisition des voitures n'étant prévue que pour un certain nombre de communes, cette mention doit disparaître dans les communes qui n'ont à fournir que des chevaux.

7

MODÈLE N° 7

—

ARRÊTÉ DE POLICE RELATIF A L'ORGANISATION D'UNE FOURRIÈRE

Le maire de la commune de

Vu la loi du 26 septembre-6 octobre 1791, sur la police rurale ; — Vu le décret du 18 juin 1811 ; — Vu l'article 39 du décret du 18 juin 1811 ;

Considérant qu'en vue des opérations de la commission de réquisition des chevaux et voitures, il est indispensable de prendre quelques mesures au sujet des animaux et des voitures qui pourraient être abandonnés dans les rues de la commune,

Arrête :   ....

Article premier. — Les chevaux, mulets, ânes, qui, dans les journées des   , seront trouvés abandonnés sur la voie publique, seront conduits à la fourrière établie dans la cour de

Art. 2. — Le sieur   est constitué gardien de la fourrière ; il est chargé d'assurer la nourriture des animaux et de garder les voitures. Il recevra à cet effet   par cheval ou mulet, par voiture, et par jour.

Art. 3. — Les ordres de sortie de la fourrière seront délivrés par nous ; ils porteront la mention de la somme à payer par les propriétaires.

MODÈLE N° 8

—

PLANCHETTE POUR LE CANTONNEMENT

Commune de
Rue ou *Lieu dit*   *N°*
Maison appartenant à M.
Nombre d'hommes à loger en cas de cantonne-
ment.
Nombre de chevaux.

Le Maire de

(Cachet de la Mairie.)

Modèle nº 9

—

BON DE RÉQUISITION Nº .

Le maire de la commune de
Vu la loi du 3 juillet 1877 sur les réquisitions mi-
litaires ;
Vu l'ordre de mobilisation générale ;
Vu la réquisition à lui adressée par les autorités
militaires ;
Requiert M.
de livrer avant   heures, à la mairie, les fourni-
tures suivantes :

Le prix de ces réquisitions sera remboursé.

Le présent bon sera représenté à la mairie et
échangé contre un reçu.

Nota. — *L'autorité militaire a le droit de s'empa-*
rer de vive force des fournitures réquisitionnées qui
n'ont pas été livrées à l'heure indiquée. Les per-
sonnes qui n'obéiraient pas à la présente réquisition
s'exposeraient en outre à une amende pouvant at-
teindre le double de la valeur des fournitures réqui-
sitionnées.

A   le
    —   *Le Maire,*

MODÈLE Nᵒ 10

—

REÇU DE FOURNITURES RÉQUISITIONNÉES

(Ce reçu devra être détaché d'un registre à souche)

Le maire de la commune de
Vu la loi du 3 juillet 1877 sur les réquisitions mi-
litaires ;
Vu l'ordre de mobilisation générale ;
Vu les réquisitions à lui adressées par les autorités
militaires ;
Déclare avoir reçu de M.   , pour la
commune, les fournitures suivantes portées dans
l'ordre de réquisition Nᵒ   , et qui lui seront
remboursées conformément à l'article 2 de la loi
susvisée.

    A   le

Le Maire,

MODÈLE N° 11

ARRÊTÉ RELATIF A LA CIRCULATION
DES VAGABONDS ET GENS SANS AVEU

Le maire de la commune de
Vu la loi du 5 avril 1884 ; — Vu les articles 269 et suivants, 471-474 du Code pénal ;
Considérant qu'il est nécessaire de prescrire, pour la durée de la guerre, des mesures de sûreté en vue d'assurer la sécurité des voies ferrées et de mettre notre armée à l'abri des investigations des espions ;
Considérant que, dans les circonstances actuelles, la présence dans la commune de vagabonds et gens sans aveu offre les plus grands dangers pour la sûreté du pays ;

Arrête :

Article premier. — Les gardes champêtres et agents de police arrêteront immédiatement et amèneront devant le maire, officier de police judiciaire, tout individu étranger à la commune et présumé en état de vagabondage.

MODÈLE N° 12

—

ARRÊTÉ DE POLICE RELATIF A LA VENTE DANS LES MARCHÉS, ETC.

Le maire de la commune de

Vu les articles 94-97 de la loi du 5 avril 1884 ; — Vu la loi du 1ᵉʳ août 1905 ; — Vu les articles 471, paragraphe 15, et 474 du Code pénal ;

Arrête :

Les prescriptions suivantes de la loi du 1ᵉʳ août 1905 sur la répression des fraudes dans la vente des marchandises ou des falsifications des denrées alimentaires et des produits agricoles seront affichées et portées de nouveau à la connaissance des habitants.

Article premier. — Quiconque aura trompé ou tenté de tromper le contractant : soit sur la nature, les qualités substantielles, la composition et la teneur en principes utiles de toutes marchandises, soit sur leur espèce ou leur origine lorsque, d'après la convention sur leur usage, la désignation de l'espèce et de l'origine faussement attribuée aux marchandises devra être considérée comme la cause principale de la vente, soit sur la quantité des choses livrées ou sur leur identité, par la livraison d'une marchandise autre que la chose déterminée qui a fait l'objet du contrat, sera puni de l'emprisonnement pendant trois mois au moins, un an au plus, et d'une amende de cent francs au moins, de cinq mille francs au plus, ou de l'une de ces deux peines seulement.

Art. 2. — L'emprisonnement pourra être porté à deux ans si le délit ou la tentative de délit prévue par l'article précédent ont été commis, soit à l'aide de poids, mesures et autres instruments faux ou inexacts, soit à l'aide de manœuvres ou de procédés tendant à fausser les opérations de l'analyse ou du dosage, du pesage ou du mesurage, ou bien à modifier frauduleusement la composition, le poids ou le volume des marchandises, même avant ces opérations, soit enfin, à l'aide d'indications frauduleuses tendant à faire croire à une opération antérieure et exacte.

Art. 3. — Seront punis des peines portées à l'article 1er de la présente loi :

1° Ceux qui falsifieront des denrées tendant à l'alimentation de l'homme ou des animaux, des substances médicamenteuses, des boissons et des produits agricoles ou naturels destinés à être vendus ;

2° Ceux qui exposeront, mettront en vente ou vendront des denrées servant à l'alimentation de l'homme ou des animaux, des boissons et des produits agricoles ou naturels qu'ils sauraient être falsifiés, corrompus ou toxiques.

. . . .

Art. 4. — Si la substance falsifiée ou corrompue est nuisible à la santé de l'homme ou des animaux ou si elle est toxique, l'emprisonnement devra être appliqué. Il sera de trois mois à deux ans et l'amende de cinq cents francs à dix mille francs. Ces peines seront applicables même au cas où la falsi-

fication nuisible serait connue de l'acheteur ou du consommateur.

Les dispositions du présent article ne sont pas applicables aux fruits frais et légumes frais fermentés ou corrompus.

Art. 5. — *Seront punis d'une amende de cinquante francs à trois mille francs et d'un emprisonnement de six jours au moins et de trois mois au plus, ou de l'une de ces deux peines seulement :*

Ceux qui, sans motifs légitimes, seront trouvés détenteurs dans leurs magasins, boutiques, ateliers, maisons ou voitures servant à leur commerce, ainsi que dans les entrepôts, abattoirs et leurs dépendances et dans les gares ou dans les halles, foires et marchés,

Soit de poids ou mesures faux ou autres appareils inexacts servant au pesage ou au mesurage des marchandises ;

Soit de denrées servant à l'alimentation de l'homme ou des animaux, de boissons, de produits agricoles ou naturels qu'ils savaient être falsifiés, corrompus ou toxiques.

. . . .

Si la substance alimentaire falsifiée ou corrompue est nuisible à la santé de l'homme ou des animaux, ou si elle est toxique... l'emprisonnement devra être appliqué. Il sera de trois mois à un an et l'amende de cent francs à cinq mille francs.

Les dispositions du présent article ne sont pas applicables aux fruits frais et légumes frais fermentés ou corrompus.

. . . .

— 106 —

Art. 6. — *Les objets dont la vente, usage ou détention constituent le délit, s'ils appartiennent encore au vendeur ou détenteur, seront confisqués :
les poids et instruments de pesage, mesurage ou dosage, faux ou inexacts, devront être aussi confisqués
et, de plus, seront brisés.*

*Si les objets confisqués sont utilisables, le tribu-
nal pourra les mettre à la disposition de l'Administration pour être attribués aux établissements de
bienfaisance.*

*S'ils sont inutilisables ou nuisibles, les objets se-
ront détruits ou répandus aux frais du condamné.*

*Le tribunal pourra ordonner que la destruction ou
effusion aura lieu devant l'établissement ou le domicile du condamné.*

Art. 7. — *Le tribunal pourra ordonner, dans tous
les cas, que le jugement de condamnation sera publié intégralement ou par extraits, dans les journaux
qu'il désignera, et affiché dans les lieux qu'il indi-
quera, notamment aux portes du domicile, des magasins, usines ou ateliers du condamné.*

Art. 8. — . . . .
*L'article 463 du Code pénal sera applicable, même
en cas de récidive, aux délits prévus par la présente
loi.*

. . . .

*Le sursis à l'exécution des peines d'amende édic-
tées par la présente loi ne pourra être prononcé en
vertu de la loi du 26 mars 1891.*

MODÈLE Nᵒ 13

ARRÊTÉ DE POLICE RELATIF AUX THÉATRES, CAFÉS, ETC.

Le maire de la commune de

*Vu les articles 94 et 97 de la loi du 5 avril 1884 ;
— Vu les articles 471, paragraphe 15, et 474 du Code pénal ;*

Considérant que, dans les circonstances actuelles, des réjouissances publiques seraient déplacées, qu'il importe de prendre toutes les mesures nécessaires pour assurer le bon ordre au milieu des opérations de la mobilisation et la tranquillité du pays pendant que les hommes valides sont tous sous les drapeaux.

Arrête :

Article premier. — Les théâtres, cafés-chantants et bals seront immédiatement fermés. Un arrêté ultérieur fera connaître la date et les conditions particulières dans lesquelles ils pourront être ouverts de nouveau.

Art. 2. — Pendant toute la durée de la guerre, les débits de boissons de toute nature seront fermés à   heures du soir. Ils ne pourront être ouverts avant   heures du matin.

Art. 3. — Il est interdit de former des attroupements sur la voie publique, de pousser des cris dans les rues, de battre le tambour, de sonner du clairon ou de la trompette.

Art. 4. — Toute infraction au présent arrêté sera punie des peines prévues aux articles susvisés du Code pénal.

Modèle n° 14

—

ARRÊTÉ DE POLICE RELATIF AUX PIGEONS VOYAGEURS

Le maire de la commune de
Vu les articles 94 et 97 de la loi du 5 avril 1884 ;
Vu la loi du 22 juillet 1896 ;
Vu les articles 471, paragraphe 15, et 474 du Code pénal ;

Arrête :

Article premier. — *Il est interdit de tirer sur les pigeons voyageurs.*

Art. 2. — *Tout pigeon voyageur trouvé sur le territoire de la commune, doit être immédiatement apporté à la mairie. Il est expressément recommandé de ne déranger en quoi que ce soit ni le plumage, ni les dépêches dont il est porteur.*

Art. 3. — *Toute introduction de pigeons voyageurs dans la commune, tout envoi de pigeons hors de la commune, ne peuvent avoir lieu qu'après autorisation du maire.*

Art. 4. — *Toute infraction au présent arrêté sera punie des peines prévues aux articles susvisés du Code pénal.*

Art. 5. — *Le présent arrêté restera en vigueur jusqu'au jour où cessera la mobilisation générale.*

MODÈLE Nᵒ 15

—

ARRÊTÉ DE POLICE RELATIF A LA VENTE DES JOURNAUX

Le maire de la commune de
Vu l'article 94, 2° de la loi du 5 avril 1884 ;

Arrête :

La loi du 19 mars 1889 sera publiée de nouveau dans la commune.

Loi du 19 mars 1889 relative aux annonces
sur la voie publique.

Article premier. — *Les journaux et tous les écrits ou imprimés distribués ou vendus dans les rues et lieux publics ne pourront être annoncés que par leur titre, leur prix, l'indication de leur opinion et les noms de leurs auteurs ou rédacteurs.*

Aucun titre obscène ou contenant des imputations, diffamations ou expressions injurieuses pour une ou plusieurs personnes ne pourra être annoncé sur la voie publique.

Art. 2. — *Les infractions aux dispositions qui précèdent seront punies d'une amende d'un franc à quinze francs, et en cas de récidive d'un emprisonnement de un jour à cinq jours. Toutefois, l'article 463 du Code pénal pourra toujours être appliqué.*

Modèle n° 16

—

AVIS RELATIF AUX HOSTILITÉS

Le maire de la commune de
informe ses concitoyens que les hostilités paraissant
se rapprocher, il est nécessaire de prendre quelques
mesures de précaution.

Les femmes, les enfants, les vieillards doivent être
prêts à quitter le village au premier signal ; ce signal
donné par la cloche de l'église consistera en   .
La direction qu'il paraît préférable de prendre est
celle du village de   ou des bois de   .

Les habitants qui désirent envoyer leurs familles
à l'intérieur et qui ne possèdent pas de moyen de
transport devront se faire inscrire à la mairie ; l'administration municipale s'efforcera de réunir les
voitures nécessaires ; mais elle croit utile de rappeler aux habitants qu'ils ne pourront emporter ainsi
ni meubles, ni literie, ni ustensiles de cuisine.

Les habitants qui resteront dans le village et ne
seront pas employés aux ambulances ou n'auront
pas été réquisitionnés pour un service militaire, sont
invités à ne pas sortir hors de leurs maisons ; ils devront préparer d'avance les moyens d'éteindre les
incendies qui pourraient être allumés par les obus.

Le maire ou, à défaut, un membre du conseil mu-
municipal restera en permanence à la mairie jusqu'à
nouvel avis.

Modèle n° 17

—

SAUF-CONDUIT A DÉLIVRER AUX MALADES SORTANT DES AMBULANCES CIVILES

Commune de   Sauf-conduit.

> *Régiment d*
> *Bataillon* ou *Escadron*
> *Compagnie* ou *Batterie*
> N°   *du Registre matricule du corps.*

—

Chemin que tiendra le S^r   *âgé de*   *ans,*
(¹)

sortant de l'ambulance de la Société de
à   *partant le*   *pour se rendre à*
lieu de dépôt du
Ce militaire aura droit pendant sa route au loge-
ment.

Délivré par nous,   *maire de*

A   le

———

(¹) Indiquer exactement le grade.

TABLE ALPHABÉTIQUE

LIBRAIRIE ADMINISTRATIVE PAUL DUPONT

4, RUE DU BOULOI, PARIS (Ier)

DROIT AÉRIEN

PAR ÉDOUARD D'HOOGHE

Avocat à la cour d'Appel de Douai,

Docteur en droit,

Président du Comité juridique international de l'Aviation.

Prix, broché . . . . 5 fr.

2908

VOIES FERRÉES

(FRANCE, ALGÉRIE, TUNISIE ET COLONIES FRANÇAISES)

PAR MM.

Louis MARLIO

Ingénieur des Ponts et Chaussées,
Maître des Requêtes au Conseil d'État.

MAZERAT
Auditeur au Conseil d'État.

VERGNIAUD
Auditeur au Conseil d'État

R. GODFERNAUX
Ingénieur des Arts et Manufactures.

Deux forts volumes in-8°. . . . . 15 fr.

Paris. — Imp. PAUL DUPONT (Cl.), THOUZELLIER, D^r.